AF400389

FSC
www.fsc.org
MIX
Papier aus ver-
antwortungsvollen
Quellen
Paper from
responsible sources
FSC® C105338

Seneca

Epistulae morales ad Lucilium

Liber VIII
Epistulae LXX-LXXIV

Latein/Deutsch

Michael Weischede

Herstellung und Verlag:

BoD - Books on Demand, Norderstedt

ISBN 9783755723370

Bibliografische Information der Deutschen Nationalbibliothek

Die Deutsche Nationalbibliothek verzeichnet diese Publikation in der
Deutschen Nationalbibliografie; detaillierte bibliografische Daten sind im
Internet über http://dnb.dnb.de abrufbar.

Vorwort

Senecas Briefe an seinen Freund Lucilius gehören zu den wenigen Texten der lateinischen Literatur, die auch nach dem Zusammenbruch des Römischen Reiches nicht in Vergessenheit gerieten. Während die meisten Publikationen der Antike erst in der Renaissance „wiedergeboren" wurden, fanden die Epistulae morales ad Lucilium bis in unsere Zeit hinein durchgängig eine interessierte Leserschaft. Aus diesem Grund herrscht auch heute kein Mangel an Übersetzungen der Briefe. Es erschien mir deshalb wenig sinnvoll, eine weitere hinzuzufügen, ohne einen gesonderten Schwerpunkt zu setzen. Ich habe mich deshalb ganz bewusst für ein möglichst text- und wortgetreues Vorgehen entschieden und mich dabei weitestgehend an die Wortvorschläge der gängigen Lexika gehalten (Georges, PONS, Stowasser, Langenscheidt usw.). Vor allem Schülern sollte es auf diese Weise leichter fallen, die Übersetzung aus dem Lateinischen nachzuvollziehen und bei Bedarf mit ihren eigenen Bemühungen zu vergleichen.

Der lateinische Textteil stammt aus verschiedenen Internetquellen, wobei das Augenmerk auf der Gemeinfreiheit lag. Er ist also nicht editiert, und ich habe mir zudem erlaubt, ihn hier und da an meine stilistischen Vorlieben anzupassen. Für ein ernsthaftes wissenschaftliches Arbeiten ist er dementsprechend nicht geeignet. Er soll nur aufzeigen, auf welcher Grundlage die Übersetzung erfolgte.

Soweit mir meine Motivation für dieses Projekt nicht abhanden kommt, werde ich nach und nach alle 20 Bücher mit den Briefen an Lucilius übersetzen und veröffentlichen. Bei meiner eher gemächlichen Arbeitsweise kann das allerdings einige Zeit dauern ...

Dortmund im Januar 2022

Liber VIII – Epistula LXX

Seneca Lucilio suo Salutem,

(1) Post longum intervallum Pompeios tuos vidi. In conspectum adulescentiae meae reductus sum; quidquid illic iuvenis feceram videbar mihi facere adhuc posse et paulo ante fecisse.

(2) Praenavigavimus, Lucili, vitam et quemadmodum in mari, ut ait Vergilius noster,

terraeque urbesque recedunt,

sic in hoc cursu rapidissimi temporis primum pueritiam abscondimus, deinde adulescentiam, deinde quidquid est illud inter iuvenem et senem medium, in utriusque confinio positum, deinde ipsius senectutis optimos annos; novissime incipit ostendi publicus finis generis humani.

(3) Scopulum esse illum putamus dementissimi: portus est, aliquando petendus, numquam recusandus, in quem si quis intra primos annos delatus est, non magis queri debet quam qui cito navigavit. Alium enim, ut scis, venti segnes ludunt ac detinent et tranquillitatis lentissimae taedio lassant, alium pertinax flatus celerrime perfert.

Buch 8 – Brief 70

Seneca grüßt seinen Lucilius,

(1) Nach langer Zwischenzeit habe ich dein Pompeji besucht. Beim Anblick wurde ich in meine Jugend zurückversetzt; es schien mir, dass ich alles, was ich dort als junger Mann getan hatte, weiterhin tun kann und vor kurzem getan habe.

(2) Wir sind am Leben vorbeigesegelt, Lucilius, und wie auf dem Meer, um es mit unserem Vergil zu sagen,

[und] Länder und Städte entschwinden,

so haben wir in diesem Lauf der sehr flüchtigen Zeit zuerst die Kindheit aus dem Blick verloren, anschließend die Jugend, dann all jenes, das, an der Grenzlinie der beiden befindlich, zwischen der Jugend und dem Greisenalter liegt, schließlich die besten Jahre des eigentlichen Greisenalters; jüngst beginnt das allgemein übliche Ende des Menschengeschlechts sichtbar zu werden.

(3) Völlig verblendet denken wir, dass jenes die Klippe ist: es ist der Hafen, den man eines Tages aufsuchen muss, den man sich niemals verweigern darf; wenn irgendeiner innerhalb der ersten Lebensjahre in ihn hineingetrieben worden ist, darf er sich ebenso wenig beklagen, wie einer, der schnell gesegelt ist. Den einen nämlich, wie du weißt, necken und fesseln träge Winde und ermatten ihn zugleich aus Überdruss an untätiger Ruhe, den anderen lässt ein unablässig wehender Wind sehr schnell das Ziel erreichen.

(4) Idem evenire nobis puta: alios vita velocissime adduxit quo veniendum erat etiam cunctantibus, alios maceravit et coxit. Quae, ut scis, non semper retinenda est; non enim vivere bonum est, sed bene vivere. Itaque sapiens vivet quantum debet, non quantum potest.

(5) Videbit ubi victurus sit, cum quibus, quomodo, quid acturus. Cogitat semper qualia vita, non quanta sit. [sit] Si multa occurrunt molesta et tranquillitatem turbantia, emittit se; nec hoc tantum in necessitate ultima facit, sed cum primum illi coepit suspecta esse fortuna, diligenter circumspicit numquid illic desinendum sit. Nihil existimat sua referre, faciat finem an accipiat, tardius fiat an citius: non tamquam de magno detrimento timet; nemo multum ex stilicidio potest perdere.

(6) Citius mori aut tardius ad rem non pertinet, bene mori aut male ad rem pertinet; bene autem mori est effugere male vivendi periculum. Itaque effeminatissimam vocem illius Rhodii existimo, qui cum in caveam coniectus esset a tyranno et tamquam ferum aliquod animal aleretur, suadenti cuidam ut abstineret cibo, 'omnia' inquit 'homini, dum vivit, speranda sunt'.

(4) Bedenke, dass uns dasselbe widerfährt: die einen hat das Leben besonders schnell dorthin versetzt, wohin selbst die Zaudernden kommen mussten, die anderen hat es mürbe gemacht und abgehärmt. Wie du weißt, muss es nicht allezeit bewahrt werden; denn zu leben ist kein Gut, sondern tugendhaft zu leben. Daher lebt der Weise, so lange wie er muss, nicht so lange er kann.

(5) Er wird erwägen, wo er, mit wem er, auf welche Weise er leben, [und] was er tun will. Stets bedenkt er, wie das Leben beschaffen, nicht wie lang es ist. Wenn ihm viele beschwerliche und seinen Frieden störende Dinge entgegentreten, gibt er sich frei; und er tut dies nicht nur in der äußersten Not, sondern sobald das Schicksal anfängt, bei ihm Verdacht zu erregen, überlegt er gewissenhaft, ob er bei dieser Gelegenheit ablassen soll. Er glaubt, dass es für ihn keineswegs von Wichtigkeit ist, ob er das Ende setzt oder es entgegennimmt, ob es später eintritt oder früher: er ist [darüber] nicht besorgt wie über einen großen Verlust; tropfenweise kann niemand viel verlieren.

(6) Es tut nichts zur Sache, schneller oder langsamer zu sterben, wichtig ist es, gut oder schlecht zu sterben. Gut zu sterben, heißt aber, der Gefahr zu entgehen, schlecht zu leben. Daher halte ich den Ausspruch von jenem Rhodier für ausgesprochen weibisch, der, nachdem er vom Tyrannen in einen Käfig getrieben worden war und man ihn wie irgendein wildes Tier gefüttert hat, demjenigen, der ihm den Rat gab, sich der Nahrung zu enthalten, sagte: „Solange er lebt, muss sich der Mensch auf alles Hoffnung machen."

(7) Ut sit hoc verum, non omni pretio vita emenda est. Quaedam licet magna, licet certa sint, tamen ad illa turpi infirmitatis confessione non veniam: ego cogitem in eo qui vivit omnia posse fortunam, potius quam cogitem in eo qui scit mori nil posse fortunam?

(8) Aliquando tamen, etiam si certa mors instabit et destinatum sibi supplicium sciet, non commodabit poenae suae manum: sibi commodaret. Stultitia est timore mortis mori: venit qui occidat, exspecta. Quid occupas? quare suscipis alienae crudelitatis procurationem? utrum invides carnifici tuo an parcis?

(9) Socrates potuit abstinentia finire vitam et inedia potius quam veneno mori; triginta tamen dies in carcere et in exspectatione mortis exegit, non hoc animo tamquam omnia fieri possent, tamquam multas spes tam longum tempus reciperet, sed ut praeberet se legibus, ut fruendum amicis extremum Socraten daret. Quid erat stultius quam mortem contemnere, venenum timere?

(7) Auch wenn dies wahr sein mag, muss man das Leben nicht um jeden Preis erkaufen. Obgleich manches bedeutend, obgleich manches gewiss ist, werde ich trotzdem nicht durch ein schimpfliches Eingeständnis der Schwäche dahin gelangen: sollte ich eher erwägen, dass bei einem, der lebt, das Schicksal alles vermag, als ich erwägen sollte, dass das Schicksal bei einem, der zu sterben weiß, nichts vermag?

(8) Gleichwohl aber, selbst wenn der Tod unzweifelhaft bevorsteht und er weiß, dass die Hinrichtung für ihn beschlossen ist, wird [der Weise] die Hand nicht für seine Bestrafung ausborgen: er würde sie sich selbst gewähren. Torheit ist es, aus Furcht vor dem Tod zu sterben: er, der tötet, hat sich genähert – erwarte ihn. Warum reißt du ihn an dich? Weshalb nimmst du die Besorgung fremder Grausamkeit auf dich? Missgönnst du sie etwa deinem Henker? Oder schonst du ihn?

(9) Sokrates hätte seinem Leben durch Nahrungsverweigerung ein Ende bereiten und eher durch Hunger als durch Gift sterben können; doch er brachte in Erwartung des Todes dreißig Tage im Kerker zu; nicht in einem solchen Übermut, als ob alles [noch] werden könne, als ob eine so lang dauernde Zeit große Hoffnungen zulasse, sondern um die gesetzlichen Bestimmungen entgegenzunehmen, [und] um den Freunden zu gestatten, sich zum letzten Mal an Sokrates zu erfreuen. Was wäre törichter gewesen, als den Tod zu verachten, [aber] das Gift zu fürchten?

(10) Scribonia, gravis femina, amita Drusi Libonis fuit, adulescentis tam stolidi quam nobilis, maiora sperantis quam illo saeculo quisquam sperare poterat aut ipse ullo. Cum aeger a senatu in lectica relatus esset non sane frequentibus exsequis - omnes enim necessarii deseruerant impie iam non reum sed funus -, habere coepit consilium utrum conscisceret mortem an exspectaret. Cui Scribonia 'quid te' inquit 'delectat alienum negotium agere?' Non persuasit illi: manus sibi attulit, nec sine causa. Nam post diem tertium aut quartum inimici moriturus arbitrio si vivit, alienum negotium agit.

(11) Non possis itaque de re in universum pronuntiare, cum mortem vis externa denuntiat, occupanda sit an exspectanda; multa enim sunt quae in utramque partem trahere possunt. Si altera mors cum tormento, altera simplex et facilis est, quidni huic inicienda sit manus? Quemadmodum navem eligam navigaturus et domum habitaturus, sic mortem exiturus e vita.

(12) Praeterea quemadmodum non utique melior est longior vita, sic peior est utique mors longior. In nulla re magis quam in morte morem animo gerere debemus. Exeat qua impetum cepit: sive ferrum appetit sive laqueum sive aliquam potionem venas occupantem, pergat et vincula servitutis abrumpat. Vitam et aliis approbare quisque debet, mortem sibi: optima est quae placet.

(10) Scribonia, eine angesehene Frau, war die Tante von Drusus Libo, eines ebenso törichten wie vornehmen jungen Mannes, der sich Bedeutenderes erhoffte, als irgendeiner in jener Zeit oder er selbst in irgendeiner [Zeit] erhoffen konnte. Nachdem er in einer Sänfte in einem nicht sonderlich dicht gedrängten Trauerzug von einer Senatsversammlung krank nach Hause gebracht worden war – alle Vertrauten hatten ihn nämlich, nun nicht mehr als einen Beschuldigten, sondern als einen Todesfall, pflichtvergessen aufgegeben –, begann er Rat einzuholen, ob er den Tod freiwillig wählen, oder ihn erwarten soll. Ihm sagte Scribonia: „Warum macht es dir Freude, ein fremdes Geschäft zu betreiben?" Sie hat ihn nicht überzeugt: er legte Hand an sich – und nicht ohne guten Grund. Denn wer aufgrund eines Urteils des Feindes nach dem dritten oder vierten Tag sterben soll, betreibt ein fremdes Geschäft, wenn er am Leben bleibt.

(11) Möglicherweise kann man daher bei dieser Sache nicht im Allgemeinen entscheiden, ob, falls eine fremde Macht drohend den Tod ankündigt, ihm zuvorgekommen oder er erwartet werden soll; es gibt nämlich vieles, das zu beiden Seiten verleiten kann. Wenn der eine Tod von Folter begleitet, der andere natürlich und leicht ist, warum sollte man sich nicht letzteren zueignen? Gleichwie ich ein Schiff auswählen kann, um zu reisen, und ein Haus, um zu wohnen, so den Tod, um aus dem Leben zu scheiden.

(12) Wie überdies ein längeres Leben nicht unbedingt das bessere ist, so ist ein längerer Tod jedenfalls der schlechtere. Bei keiner Angelegenheit müssen wir uns mehr der Seele fügen als beim Tod. Ausziehen soll sie, auf welchem Wege sie rasch den Entschluss fasste: sei es, dass sie zum Schwert greift oder zum Strick oder zu irgendeinem Trank, der das Herz angreift, sie kann aufbrechen und die Fesseln der Knechtschaft zerreißen. Sein Leben muss jeder auch den anderen erweisen, den Tod [nur] sich selbst.

(13) Stulte haec cogitantur: 'aliquis dicet me parum fortiter fecisse, aliquis nimis temere, aliquis fuisse aliquod genus mortis animosius'. Vis tu cogitare id in manibus esse consilium ad quod fama non pertinet! Hoc unum intuere, ut te fortunae quam celerrime eripias; alioquin aderunt qui de facto tuo male existiment.

(14) Invenies etiam professos sapientiam qui vim afferendam vitae suae negent et nefas iudicent ipsum interemptorem sui fieri: exspectandum esse exitum quem natura decrevit. Hoc qui dicit non videt se libertatis viam cludere: nihil melius aeterna lex fecit quam quod unum introitum nobis ad vitam dedit, exitus multos.

(15) Ego exspectem vel morbi crudelitatem vel hominis, cum possim per media exire tormenta et adversa discutere ? Hoc est unum cur de vita non possimus queri: neminem tenet. Bono loco res humanae sunt, quod nemo nisi vitio suo miser est. Placet? vive: non placet? licet eo reverti unde venisti.

(13) Folgendes wird törichterweise überlegt: „Manch einer wird behaupten, dass ich nicht tapfer genug, manch einer, dass ich allzu unbesonnen gehandelt habe, manch einer, dass diese und jene Art zu Sterben mutiger wäre." Du verstehe, dass in deinen Händen eine Art von Entscheidung liegt, die das Gerede der Leute nichts angeht! Dieses eine beachte, um dich möglichst schnell dem Schicksal zu entziehen; diejenigen, die schlecht über deine Tat denken, werden ohnehin zur Stelle sein.

(14) Du wirst auch Philosophielehrer finden, die es ablehnen, dem eigenen Leben Gewalt anzutun, und die es für Unrecht halten, sein eigener Mörder zu werden: man müsse das Ende abwarten, das die Natur beschlossen hat. Wer das behauptet, der begreift nicht, dass er den Weg zur Freiheit versperrt: nichts Besseres hat das ewige Gesetz hervorgebracht, als dass es uns zum Leben einen einzigen Zugang, [aber] viele Ausgänge überlassen hat.

(15) Soll ich der Unbarmherzigkeit entweder einer Krankheit oder eines Menschen entgegensehen, obgleich ich während der Qualen ausrücken und Ungünstiges abschütteln kann? Allein das ist es, weshalb wir uns nicht über das Leben beschweren können: es hält niemanden gefangen. Gut angelegt ist die menschliche Natur, weil außer durch eigene Fehler niemand unglücklich ist. Es gefällt? Lebe. Es gefällt nicht? Man darf dorthin zurückkehren, woher man gekommen ist.

(16) Ut dolorem capitis levares, sanguinem saepe misisti; ad extenuandum corpus vena percutitur. Non opus est vasto vulnere dividere praecordia: scalpello aperitur ad illam magnam libertatem via et puncto securitas constat. Quid ergo est quod nos facit pigros inertesque? Nemo nostrum cogitat quandoque sibi ex hoc domicilio exeundum; sic veteres inquilinos indulgentia loci et consuetudo etiam inter iniurias detinet.

(17) Vis adversus hoc corpus liber esse? tamquam migraturus habita. Propone tibi quandoque hoc contubernio carendum: fortior eris ad necessitatem exeundi. Sed quemadmodum suus finis veniet in mentem omnia sine fine concupiscentibus?

(18) Nullius rei meditatio tam necessaria est; alia enim fortasse exercentur in supervacuum. Adversus paupertatem praeparatus est animus: permansere divitiae. Ad contemptum nos doloris armavimus: numquam a nobis exegit huius virtutis experimentum integri ac sani felicitas corporis. Ut fortiter amissorum desideria pateremur praecepimus nobis: omnis quos amabamus superstites fortuna servavit.

(16) Um den Kopfschmerz zu lindern, hast du oft einen Aderlass vorgenommen; zur Entschlackung des Körpers wird eine Vene durchstoßen. Es ist nicht notwendig, mit einem gewaltigen Hieb die Brust zu zerteilen: mit einem chirurgischen Messer wird der Weg zu jener großen Ungebundenheit geöffnet, und die Freiheit von den Sorgen kostet einen kleinen Stich. Was ist es also, das uns träge und zaghaft macht? Niemand von uns denkt, dass er aus der gegenwärtigen Wohnstätte ausziehen muss; so hindert eine günstige Lage und die Gewohnheit langjährige Mieter selbst bei unbilligen Härten am Weiterziehen.

(17) Willst du deinem jetzigen Körper gegenüber frei sein? Bewohne ihn, als ob du die Absicht hättest auszuziehen. Halte dir vor Augen, dass du irgendwann einmal auf diese gemeinsame Wohnung verzichten musst: du wirst unerschrockener hinsichtlich der Notwendigkeit sein fortzuziehen. Aber wie soll denen das eigene Lebensende in den Sinn kommen, die alles ohne Ende begehren?

(18) Für nichts [anderes] ist eine Vorbereitung so notwendig; denn andere Dinge werden möglicherweise unnötig eingeübt. Gegen die Armut ist unser Geist gerüstet; der Reichtum ist geblieben. Bewehrt haben wir uns zur Geringschätzung des Schmerzes: niemals hat der glückliche Zustand eines unversehrten und gesunden Körpers von uns eine Probe dieser Tugend verlangt. Wir haben uns gelehrt, tapfer die Sehnsüchte von Hinterbliebenen zu ertragen: alle, die wir liebten, hat das Schicksal am Leben erhalten. Der Tag wird kommen, der die Ausübung dieser einen Sache erfordert.

(19) Huius unius rei usum qui exigat dies veniet. Non est quod existimes magnis tantum viris hoc robur fuisse quo servitutis humanae claustra perrumperent; non est quod iudices hoc fieri nisi a Catone non posse, qui quam ferro non emiserat animam manu extraxit: vilissimae sortis homines ingenti impetu in tutum evaserunt, cumque e commodo mori non licuisset nec ad arbitrium suum instrumenta mortis eligere, obvia quaeque rapuerunt et quae natura non erant noxia vi sua tela fecerunt.

(20) Nuper in ludo bestiariorum unus e Germanis, cum ad matutina spectacula pararetur, secessit ad exonerandum corpus - nullum aliud illi dabatur sine custode secretum; ibi lignum id quod ad emundanda obscena adhaerente spongia positum est totum in gulam farsit et interclusis faucibus spiritum elisit. Hoc fuit morti contumeliam facere. Ita prorsus, parum munde et parum decenter: quid est stultius quam fastidiose mori?

(21) O virum fortem, o dignum cui fati daretur electio! Quam fortiter ille gladio usus esset, quam animose in profundam se altitudinem maris aut abscisae rupis immisisset! Undique destitutus invenit quemadmodum et mortem sibi deberet et telum, ut scias ad moriendum nihil aliud in mora esse quam velle. Existimetur de facto hominis acerrimi ut cuique visum erit, dum hoc constet, praeferendam esse spurcissimam mortem servituti mundissimae.

(19) Es besteht kein Grund zu glauben, dass diese Stärke nur bei bedeutenden Männern vorhanden ist, die die Schranken der menschlichen Knechtschaft überwunden haben; es besteht kein Grund zu meinen, dass ein solches nur von einem Cato geleistet werden könne, der die Seele, die er nicht durch das Schwert aus seiner Gewalt entlassen hatte, mit der Hand befreit hat. Menschen von äußerst geringem Rang sind mit ungeheurem Drang an einen sicheren Ort entkommen, und weil es ihnen nicht vergönnt [gewesen] war, bei günstiger Gelegenheit zu sterben und nach eigenem Ermessen ein Todeswerkzeug auszuwählen, haben sie alles zur Hand liegende eilig ergriffen und Dinge, die von Natur aus nicht schädlich waren, durch ihre Entschlossenheit zu Waffen gemacht.

(20) Neulich hat sich in der Schule der Tierkämpfer einer der Germanen, als er für die morgendlichen Schauspiele ausgerüstet wurde, zurückgezogen, um den Körper zu entleeren – keine andere Abgeschiedenheit wurde ihm ohne einen Wächter zugestanden; dort stopfte er das Holzstück, das zum Säubern des Hinterns mit dem anhaftenden Schwamm bestimmt ist, ganz in seine Kehle und trieb den im Schlund eingeschlossenen Atem heraus. Das bedeutete, dem Tod Schande zuzufügen. Ja durchaus, nicht sehr reinlich und nicht sonderlich anmutig: was ist törichter, als wählerisch zu sterben?

(21) Ach, welch ein wackerer, ach, welch ein würdiger Mann, wäre ihm [doch] die Wahl seines Schicksals gestattet gewesen! Wie tapfer hätte er sich des Schwertes bedient, wie mutig hätte er sich in die unermessliche Tiefe des Meeres oder von einer steilen Felswand gestürzt! In jeder Hinsicht preisgegeben, entdeckte er, wie er sich sowohl den Tod als auch die Waffe schuldete, damit man verstehe, dass zum Sterben nichts anderes zur Verfügung steht als der Wille. Über die Tat des außerordentlich tatkräftigen Mannes mag geurteilt werden, wie es ein jedem richtig erscheint, solange Folgendes feststeht, dass der schmutzigste Tod der saubersten Knechtschaft vorzuziehen ist.

(22) Quoniam coepi sordidis exemplis uti, perseverabo; plus enim a se quisque exiget, si viderit hanc rem etiam a contemptissimis posse contemni. Catones Scipionesque et alios quos audire cum admiratione consuevimus supra imitationem positos putamus: iam ego istam virtutem habere tam multa exempla in ludo bestiario quam in ducibus belli civilis ostendam.

(23) Cum adveheretur nuper inter custodias quidam ad matutinum spectaculum missus, tamquam somno premente nutaret, caput usque eo demisit donec radiis insereret, et tamdiu se in sedili suo tenuit donec cervicem circumactu rotae frangeret; eodem vehiculo quo ad poenam ferebatur effugit.

(24) Nihil obstat erumpere et exire cupienti: in aperto nos natura custodit. Cui permittit necessitas sua, circumspiciat exitum mollem; cui ad manum plura sunt per quae sese asserat, is dilectum agat et qua potissimum liberetur consideret: cui difficilis occasio est, is proximam quamque pro optima arripiat, sit licet inaudita, sit nova. Non deerit ad mortem ingenium cui non defuerit animus.

(22) Da ich ja nun angefangen habe, Vorbilder von niederer Herkunft anzuführen, werde ich damit fortfahren: jeder wird nämlich mehr von sich einfordern, wenn er begreift, dass diese Tat auch von den Verachtesten verachtet werden kann. Die Catos und Scipios und andere, von denen wir gewöhnt sind, sie mit Bewunderung zu hören, halten wir für jenseits der Nachahmung gelegen: nun werde ich zeigen, dass diese Tapferkeit so viele Vorbilder in der Schule der Tierkämpfer besitzt wie bei den Heerführern der Bürgerkriege.

(23) Als kürzlich einer unter Bewachung herbeigefahren wurde, der zum morgendlichen Schauspiel gemeldet war, ließ er, gleichsam als ob er, vom Schlaf bedrängt, eingenickt sei, seinen Kopf immer wieder so weit herunterhängen, bis er ihn in die Speichen stecken konnte, und er hielt sich so lange an seinem Sitz fest, bis dass er [sich selbst] durch den Schwung des Rades das Genick gebrochen hat; er ist mit ebendemselben Wagen entkommen, mit dem er zur Bestrafung gebracht wurde.

(24) Nichts steht demjenigen im Wege, der sich wünscht, auszubrechen und wegzugehen: auf einem offenen Feld nimmt uns die Natur unter ihre Obhut. Wem es die persönliche Notlage erlaubt, sollte sich nach einer sanften Ausgangsmöglichkeit umschauen; wem mehrere zur Hand sind, durch die er sich befreien könnte, der sollte eine Auswahl treffen und überlegen, durch was er wohl am ehesten befreit wird: wer nur schwer Gelegenheit hat, der sollte eilig jede näher liegende anstatt der besten ergreifen, mag sie auch ungewöhnlich, mag sie auch neu sein. An Phantasie für eine Todesart wird dem nicht mangeln, dem es am Willen nicht mangelt.

(25) Vides quemadmodum extrema quoque mancipia, ubi illis stimulos adegit dolor, excitentur et intentissimas custodias fallant? Ille vir magnus est qui mortem sibi non tantum imperavit sed invenit. Ex eodem tibi munere plura exempla promisi.

(26) Secundo naumachiae spectaculo unus e barbaris lanceam quam in adversarios acceperat totam iugulo suo mersit. 'Quare, quare' inquit 'non omne tormentum, omne ludibrium iamdudum effugio? quare ego mortem armatus exspecto?' Tanto hoc speciosius spectaculum fuit quanto honestius mori discunt homines quam occidere.

(27) Quid ergo? quod animi perditi quoque noxiosi habent non habebunt illi quos adversus hos casus instruxit longa meditatio et magistra rerum omnium ratio? Illa nos docet fati varios esse accessus, finem eundem, nihil autem interesse unde incipiat quod venit.

(28) Eadem illa ratio monet ut si licet moriaris <quemadmodum placet, si minus> quemadmodum potes, et quidquid obvenerit ad vim afferendam tibi invadas. Iniuriosum est rapto vivere, at contra pulcherrimum mori rapto. Vale.

————

(25) Erkennst du, wie auch die geringsten Sklaven aufgescheucht werden und die eifrigsten Wächter täuschen können, sobald ihnen der Schmerz seinen Stachel hineingestoßen hat? Bedeutend ist derjenige Mann, der sich den Tod nicht nur auferlegt, sondern ihn ausfindig gemacht hat. Von demselben Gladiatorenspiel habe ich dir mehrere Beispiele versprochen.

(26) In der zweiten Aufführung der Seeschlacht hat einer der Barbaren den Wurfspieß, den er für die Gegner bekommen hatte, vollständig in seinen Hals versenkt. „Warum, warum", fragt er, „entfliehe ich nicht sofort jeder Pein, jeder Schande? Warum warte ich, obgleich bewaffnet, [geduldig] den Tod ab?" Desto ansehnlicher war dieses Schauspiel, je sittlich besser es ist, dass die Menschen zu sterben lernen, anstatt zu töten.

(27) Wie denn nun? So viel an Mut diejenigen haben, die hoffnungslos, auch sündhaft geworden sind, werden jene nicht haben, die eine lange Vorbereitung und die Vernunft als Lehrmeister aller natürlichen Dinge gegen solche Schicksalsschläge ausgerüstet hat? Diese lehrt uns, dass die Zugänge zum Tod verschieden sind, das Ziel dasselbe, dass es jedoch keinen Unterschied macht, wo das, was eintritt, seinen Anfang nimmt.

(28) Ebenso rät jene Vernunft, wenn es möglich ist, zu sterben, wie es gefällt, wenn nicht, wie man kann, und alles, was dir begegnet, an dich zu reißen, um dir Gewalt anzutun. Frevelhaft ist es, vom Raub zu leben, dagegen jedoch sehr rühmlich, durch einen Raub zu sterben. Lebe wohl.

Liber VIII – Epistula LXXI

Seneca Lucilio suo Salutem,

(1) Subinde me de rebus singulis consulis, oblitus vasto nos mari dividi. Cum magna pars consilii sit in tempore, necesse est evenire ut de quibusdam rebus tunc ad te perferatur sententia mea cum iam contraria potior est. Consilia enim rebus aptantur; res nostrae feruntur, immo volvuntur; ergo consilium nasci sub diem debet. Et hoc quoque nimis tardum est: sub manu, quod aiunt, nascatur. Quemadmodum autem inveniatur ostendam.

(2) Quotiens quid fugiendum sit aut quid petendum voles scire, ad summum bonum, propositum totius vitae tuae, respice. Illi enim consentire debet quidquid agimus: non disponet singula, nisi cui iam vitae suae summa proposita est. Nemo, quamvis paratos habeat colores, similitudinem reddet, nisi iam constat quid velit pingere. Ideo peccamus quia de partibus vitae omnes deliberamus, de tota nemo deliberat.

(3) Scire debet quid petat ille qui sagittam vult mittere, et tunc derigere ac moderari manu telum: errant consilia nostra, quia non habent quo derigantur; ignoranti quem portum petat nullus suus ventus est. Necesse est multum in vita nostra casus possit, quia vivimus casu.

Buch 8 – Brief 71

Seneca grüßt seinen Lucilius,

(1) Von Zeit zu Zeit fragst du mich wegen einzelner Dinge um Rat, vergessend, dass wir durch das weite Meer getrennt werden. Da der Großteil eines Ratschlags auf dem rechten Zeitpunkt beruht, muss es geschehen, dass meine Meinung über manche Dinge in dem Augenblick bei dir eintrifft, wenn schon eine gegensätzliche die bessere ist. Ratschläge werden nämlich den Verhältnissen angepasst; rasch treiben unsere Verhältnisse dahin, ja sie kehren sich sogar um; also muss ein Rat unmittelbar vor einem festgesetzten Termin entspringen. Und auch dieses ist allzu langsam: er sollte, wie man sagt, bei der Hand entspringen. Auf welche Weise er womöglich aber gefunden wird, will ich erklären.

(2) Jedes Mal wenn du wissen willst, was man meiden oder anstreben sollte, denke an das höchste Gut, an deinen Lebensplan. Denn mit ihm muss alles harmonieren, was wir tun: einzelne Dinge wird nur gehörig einrichten, wem schon der Hauptgedanke seines Lebens vor Augen steht. So sehr er auch die Farben vorbereitet haben mag, wird niemand eine Ähnlichkeit wiedergeben, wenn nicht bereits feststeht, was er malen will. Wir tun deshalb Falsches, weil wir alle über Teile des Lebens nachdenken, niemand über das ganze nachdenkt.

(3) Derjenige, der einen Pfeil abschießen will, muss wissen, was er angreifen will, und dem Geschoss dann auch eine bestimmte Richtung geben und es von der Hand leiten lassen: unsere Ratschläge verfehlen den rechten Weg, weil sie nicht wissen, auf was sie gerichtet werden sollen; für den, der nicht weiß, welchen Hafen er ansteuern soll, gibt es keiner günstigen Wind. Notwendigerweise hat der Zufall oft Einfluss auf unser Leben, weil wir aufgrund eines Zufalls am Leben sind.

(4) Quibusdam autem evenit ut quaedam scire se nesciant; quemadmodum quaerimus saepe eos cum quibus stamus, ita plerumque finem summi boni ignoramus appositum. Nec multis verbis nec circumitu longo quod sit summum bonum colliges: digito, ut ita dicam, demonstrandum est nec in multa spargendum. Quid enim ad rem pertinet in particulas illud diducere? Cum possis dicere: 'Summum bonum est quod honestum est' et, quod magis admireris, 'unum bonum est quod honestum est, cetera falsa et adulterina bona sunt.'

(5) Hoc si persuaseris tibi et virtutem adamaveris – amare enim parum est –, quidquid illa contigerit, id tibi, qualecumque aliis videbitur, faustum felixque erit. Et torqueri, si modo iacueris ipso torquente securior, et aegrotare, si non male dixeris fortunae, si non cesseris morbo, omnia denique quae ceteris videntur mala et mansuescent et in bonum abibunt, si super illa eminueris. Hoc liqueat, nihil esse bonum nisi honestum: et omnia incommoda suo iure bona vocabuntur quae modo virtus honestaverit.

(6) Multis videmur maiora promittere quam recipit humana condicio, non immerito; ad corpus enim respiciunt. Revertantur ad animum: iam hominem deo metientur. Erige te, Lucili virorum optime, et relinque istum ludum litterarium philosophorum qui rem magnificentissimam ad syllabas vocant, qui animum minuta docendo demittunt et conterunt: fies similis illis qui invenerunt ista, non qui docent et id agunt ut philosophia potius difficilis quam magna videatur.

(4) Manchen aber geschieht, dass sie nicht wissen, dass sie manches wissen; gleichwie wir oft diejenigen suchen, mit denen wir verweilen, so haben wir keine Kenntnis über das Ziel des höchsten Guts, obgleich es uns an die Seite gesetzt wurde. Weder durch viele Worte noch durch lange Umschweife wirst du herleiten, was das höchste Gut ist: man muss sozusagen mit dem Finger darauf zeigen und es darf nicht in vielerlei zersplittert werden. Welchen Zweck hat es nämlich, jenes in kleine Stückchen zu zerteilen, da man doch sagen kann: „Das höchste Gut ist das, was sittlich gut ist", und was dich wahrscheinlich mehr erstaunt: „Ein einziges Gut gibt es, das sittlich gut ist, die übrigen sind falsche und unechte Güter."

(5) Falls du von diesem überzeugt bist und die Tugendhaftigkeit innig lieb gewonnen hast – denn sie gern zu haben ist nicht genug – wird alles das, was sie berührt, wie auch immer sie den anderen erscheinen wird, gesegnet und glücklich für dich sein. Sowohl gefoltert zu werden, wenn du nur unbekümmerter daliegst als der Folternde, als auch krank zu sein, wenn du dein Schicksal nicht unglücklich nennst, wenn du der Krankheit nicht nachgibst; all die Dinge, die den übrigen als Übel erscheinen, werden sich letztendlich teils abmildern, teils ins Gute übergehen, wenn du über sie hinausstrebst. Folgendes sollte klar sein: nichts außer dem sittlich Vollkommenen ist ein Gut: und alle Widrigkeiten werden mit vollem Recht als Güter bezeichnet, soweit nur die sittliche Vollkommenheit sie ziert.

(6) Vielen scheinen wir Bedeutenderes zu versprechen, als das Menschsein zulässt; nicht unverschuldet: sie sehen nämlich auf den Körper. Sie sollen zum Geist zurückkehren: sogleich werden sie den Menschen an Gott messen. Ermutige dich, allerbester Lucilius, und gib diese Schriftphilosophen auf, die etwas wegen seiner Silben außerordentlich bedeutsam nennen, die den Geist durch die Unterweisung in kleinste Details herabsinken lassen und erschöpfen: du wirst jenen ähnlich werden, die diese Dinge entdeckt haben, nicht denjenigen, die sie lehren und die darauf hinarbeiten, dass die Philosophie eher beschwerlich als groß erscheint.

(7) Socrates, qui totam philosophiam revocavit ad mores et hanc summam dixit esse sapientiam, bona malaque distinguere. 'Sequere', inquit, 'illos, si quid apud te habeo auctoritatis, ut sis beatus, et te alicui stultum videri sine. Quisquis volet tibi contumeliam faciat et iniuriam, tu tamen nihil patieris, si modo tecum erit virtus. Si vis', inquit, 'beatus esse, si fide bona vir bonus, sine contemnat te aliquis.' Hoc nemo praestabit nisi qui omnia prior ipse contempserit, nisi qui omnia bona exaequaverit, quia nec bonum sine honesto est et honestum in omnibus par est.

(8) 'Quid ergo? Nihil interest inter praeturam Catonis et repulsam? Nihil interest utrum Pharsalica acie Cato vincatur an vincat? Hoc eius bonum, quo victis partibus non potest vinci, par erat illi bono quo victor rediret in patriam et componeret pacem?' Quidni par sit? Eadem enim virtute et mala fortuna vincitur et ordinatur bona; virtus autem non potest maior aut minor fieri: unius staturae est.

(9) 'Sed Cn. Pompeius amittet exercitum, sed illud pulcherrimum rei publicae praetextum, optimates, et prima acies Pompeianarum partium, senatus ferens arma, uno proelio profligabuntur et tam magni ruina imperii in totum dissiliet orbem: aliqua pars eius in Aegypto, aliqua in Africa, aliqua in Hispania cadet. Ne hoc quidem miserae rei publicae continget, semel ruere.'

(7) Sokrates, der die ganze Philosophie auf die Sittlichkeit zurückgeführt und gesagt hat, dass dieser Höhepunkt der Vollendung auf der Weisheit beruht, Gutes und Schlechtes zu unterscheiden, fuhr fort: „Leiste jenen Folge, falls ich etwas Geltung bei dir besitze, um glücklich zu sein, und erlaube es, dass du manch einem als dumm erscheinst. Wer auch immer es will, mag dir Schande und Kränkung bereiten, trotzdem wirst du nichts erleiden, sofern nur die Tugend mit dir ist. Wenn du glücklich, wenn du aufrichtig ein guter Mann sein willst", fährt er fort, „nimm gleichgültig hin, dass dieser oder jener dich verachtet." Das wird nur jemand leisten, der zuvor selbst alles verachtet hat, der alle Güter gleichgestellt hat, nicht weil es ein Gut ohne Sittlichkeit gibt, sondern vielmehr die Sittlichkeit in allen Dingen gleichgroß ist.

(8) „Was jetzt? Es besteht kein Unterschied zwischen einer Prätur Catos oder deren Ablehnung? Es macht keinen Unterschied, ob Cato in der Schlacht bei Pharsalos besiegt wird oder siegt? Dieses sein Gut, durch das er, obwohl seine politische Partei besiegt ist, nicht überwunden werden kann, war es jenem Gut gleich, durch das er als Sieger ins Vaterland zurückgekehrt wäre und Frieden gestiftet hätte?" Warum soll es nicht gleich sein? Mit derselben Tugend wird nämlich beides: das ungünstige Schicksal überwunden und das günstige gehörig eingerichtet; die sittliche Vollkommenheit kann jedoch nicht größer oder kleiner werden: sie besitzt ein und dieselbe Größe.

(9) „Aber Gnaeus Pompeius wird sein Heer verlieren, aber jene schönste Zierde der Republik, die Optimaten, und auch die vorderste Reihe der pompeianischen Partei, der zu den Waffen greifende Senat, in einer einzigen Schlacht wird man sie überwältigen und der Sturz der so erhabenen Herrschaft wird sich auf dem ganzen Erdkreis fortsetzen: ein Teil von ihr wird in Ägypten untergehen, ein Teil in Afrika, ein Teil in Spanien. Nicht einmal dies wird der beklagenswerten Republik zuteilwerden: mit einem Schlag zugrunde zu gehen."

(10) Omnia licet fiant: Iubam in regno suo non locorum notitia adiuvet, non popularium pro rege suo virtus obstinatissima, Uticensium quoque fides malis fracta deficiat et Scipionem in Africa nominis sui fortuna destituat: olim provisum est ne quid Cato detrimenti caperet.

(11) 'Victus est tamen.' Et hoc numera inter repulsas Catonis: tam magno animo feret aliquid sibi ad victoriam quam ad praeturam obstitisse. Quo die repulsus est lusit, qua nocte periturus fuit legit; eodem loco habuit praetura et vita excidere; omnia quae acciderent ferenda esse persuaserat sibi.

(12) Quidni ille mutationem rei publicae forti et aequo pateretur animo? Quid enim mutationis periculo exceptum? Non terra, non caelum, non totus hic rerum omnium contextus, quamvis deo agente ducatur; non semper tenebit hunc ordinem, sed illum ex hoc cursu aliquis dies deiciet.

(13) Certis eunt cuncta temporibus: nasci debent, crescere, exstingui. Quaecumque supra nos vides currere et haec quibus innixi atque impositi sumus veluti solidissimis carpentur ac desinent; nulli non senectus sua est. Inaequalibus ista spatiis eodem natura dimittit: quidquid est non erit, nec peribit sed resolvetur.

(10) Mag es alles geschehen: mag Iuba die Ortskenntnis innerhalb seines Herrschaftsgebiets nicht helfen, nicht der äußerst entschlossene Kriegsmut der Bevölkerung zugunsten ihres Königs, auch die Treue der Bewohner von Utica, durch Unglücke geschwächt, mag ermatten und in Afrika die Fortune seines Namens Scipio im Stich lassen: längst ist Vorsorge getroffen, dass Cato nicht irgendwas an Schaden erleide.

(11) „Doch er ist besiegt worden." Auch dieses zähle zu den Misserfolgen Catos: mit seiner so edlen Gesinnung wird er ertragen, dass etwas ihm zum Sieg wie zur Prätur im Weg stand. An dem Tag, an dem er zurückgewiesen wurde, hat er gespielt, in der Nacht, in der er die Absicht hatte zu sterben, hat er gelesen; die Prätur wie das Leben einzubüßen, sah er als gleichrangig an; er war überzeugt, dass er alles, was geschehe, ertragen müsse.

(12) Warum hätte er die Umwälzung der Republik nicht mit tapferem und gelassenem Herzen erdulden sollen? Was nämlich ist von der Gefahr der Veränderung ausgenommen? Nicht die Erde, nicht der Himmel, nicht diese ganze Verknüpfung aller natürlichen Dinge, obgleich sie durch einen lenkenden Gott herbeigeführt wird; sie wird diesen Zustand nicht allezeit bewahren, sondern irgendein Tag wird sie vom gegenwärtigen Kurs abbringen.

(13) Alles schwindet zu festgesetzten Zeiten dahin: es muss seinen Anfang nehmen, wachsen, vertilgt werden. Du erkennst, dass alles, was über uns dahineilt und auch das, worauf wir ebenso wie die dauerhaftesten Dinge gestützt und errichtet sind, sich verzehren und zu Ende gehen wird; alles hat ein festgesetztes Alter. In wechselnden Zeiträumen entlässt es die Natur an denselben Ort: alles, was ist, wird nicht sein, und doch wird es nicht erlöschen, sondern einmal mehr aufgelöst werden.

(14) Nobis solvi perire est; proxima enim intuemur, ad ulteriora non prospicit mens hebes et quae se corpori addixerit; alioqui fortius finem sui suorumque pateretur, si speraret, <ut> omnia illa, sic vitam mortemque per vices ire et composita dissolvi, dissoluta componi, in hoc opere aeternam artem cuncta temperantis dei verti.

(15) Itaque ut M. Cato, cum aevum animo percucurrerit, dicet: 'Omne humanum genus, quodque est quodque erit, morte damnatum est; omnes quae usquam rerum potiuntur urbes quaeque alienorum imperiorum magna sunt decora, ubi fuerint aliquando quaeretur et vario exitii genere tollentur: alias destruent bella, alias desidia paxque ad inertiam versa consumet et magnis opibus exitiosa res, luxus. Omnes hos fertiles campos repentini maris inundatio abscondet aut in subitam cavernam considentis soli lapsus abducet. Quid est ergo quare indigner aut doleam, si exiguo momento publica fata praecedo?'

(14) Aufgelöst zu werden, heißt für uns, zu sterben; wir haben nämlich nur das Nächste im Auge, ein abgestumpfter und seinem Körper sklavisch ergebener Geist hält keine Ausschau nach Entfernterem; andernfalls würde er sein Ende und auch das der Seinigen tapferer ertragen – wenn er die Hoffnung hätte, dass, wie all jenes, so auch das Leben und der Tod im Wechsel einhergehen, und dass das Zusammengesetzte aufgelöst, das Aufgelöste zusammengesetzt wird, dass auf dieses Bauwerk die unvergängliche Kunst eines alles lenkenden Gottes gerichtet wird.

(15) Wenn er im Geiste die ewige Zeit durcheilt, wird er deshalb wie Marcus Cato sagen: „Jedes menschliche Geschlecht, jedes, das existiert, jedes, das existieren wird, ist zum Tode verurteilt; bei allen Städten, die irgendwo die Macht erlangen und die als bedeutende Zierden fremder Reiche gelten, wird man irgendwann einmal fragen, wo sie sich befanden, und durch vielfältige Arten des Untergangs werden sie ausgelöscht werden: die einen werden Kriege zerstören, die anderen wird Müßiggang und ein Frieden, der zur Trägheit übergegangen ist, sowie etwas für große Mächte verderbliches, der Luxus, dahinraffen. All diese fruchtbaren Felder wird eine unvermutet auftauchende Meeresflut verschwinden lassen oder ein Sturz in einen plötzlich auftretenden Spalt des sich senkenden Erdbodens wegschaffen. Was gibt es also, weswegen ich empört oder betrübt sein sollte, wenn ich dem allgemein üblichen Verhängnis einen kurzen Augenblick vorausgehe?

(16) Magnus animus deo pareat et quidquid lex universi iubet sine cunctatione patiatur: aut in meliorem emittitur vitam lucidius tranquilliusque inter divina mansurus aut certe sine ullo futurus incommodo, si naturae remiscebitur et revertetur in totum. Non est ergo M. Catonis maius bonum honesta vita quam mors honesta, quoniam non intenditur virtus. Idem esse dicebat Socrates veritatem et virtutem. Quomodo illa non crescit, sic ne virtus quidem: habet numeros suos, plena est.

(17) Non est itaque quod mireris paria esse bona, et quae ex proposito sumenda sunt et quae si ita res tulit. Nam si hanc inaequalitatem receperis ut fortiter torqueri in minoribus bonis numeres, numerabis etiam in malis, et infelicem Socraten dices in carcere, infelicem Catonem vulnera sua animosius quam fecerat retractantem, calamitosissimum omnium Regulum fidei poenas etiam hostibus servatae pendentem. Atqui nemo hoc dicere, ne ex mollissimis quidem, ausus est; negant enim illum esse beatum, sed tamen negant miserum.

(16) Ein großer Geist sollte sich von einem Gott leiten lassen und alles, was das Gesetz des Universums ihm auferlegt, ohne Zögern hinnehmen; er wird entweder in ein besseres Leben entsendet, um heller und gelassener inmitten des Göttlichen zu verweilen, oder um doch wenigstens ohne irgendein Ungemach zu existieren, wenn er wieder mit der Natur vermischt und ins Ganze zurückkehren wird. Also ist das tugendhafte Leben des Marcus Cato kein bedeutenderes Gut als sein tugendhafter Tod, da ja die sittliche Vollkommenheit nicht gesteigert wird. Sokrates sagte, dass Wahrheit und sittliche Vollkommenheit dasselbe sind. Gleichwie sich die erstere nicht steigert, so [steigert sich] auch nicht die sittliche Vollkommenheit: sie hat eine festgesetzte Ordnung, sie ist vollkommen.

(17) Es gibt deshalb keinen Grund, dich zu wundern, dass Güter ebenbürtig sind, sowohl diejenigen, die mit Absicht, als auch diejenigen, die, wenn die Umstände es mit sich bringen, ausgewählt werden müssen. Denn wenn du eine solche Ungleichheit zulässt, [nämlich] das tapfere Ertragen der Folter zu den unbedeutenden Gütern zu zählen, wirst du es auch zu den Übeln zählen; unglücklich wirst du Sokrates in seinem Kerker nennen, unglücklich den Cato, der sich seine Wunden ungestümer wieder vornimmt, als er sie hervorgebracht hatte, am elendsten von allen den Regulus, der für ein Ehrenwort Strafen erleidet, obgleich es selbst den Feinden gegenüber bewahrt wurde. Und doch hat sich niemand erdreistet, nicht einmal der Verweichlichste, das eben erwähnte zu sagen; sie bestreiten nämlich, dass jener glücklich ist, aber dennoch bestreiten sie, dass er unglücklich ist.

(18) Academici veteres beatum quidem esse etiam inter hos cruciatus fatentur, sed non ad perfectum nec ad plenum, quod nullo modo potest recipi: nisi beatus est, in summo bono non est. Quod summum bonum est supra se gradum non habet, si modo illi virtus inest, si illam adversa non minuunt, si manet etiam comminuto corpore incolumis: manet autem. Virtutem enim intellego animosam et excelsam, quam incitat quidquid infestat.

(19) Hunc animum, quem saepe induunt generosae indolis iuvenes quos alicuius honestae rei pulchritudo percussit, ut omnia fortuita contemnant, profecto sapientia [non] infundet et tradet; persuadebit unum bonum esse quod honestum, hoc nec remitti nec intendi posse, non magis quam regulam qua rectum probari solet flectes. Quidquid ex illa mutaveris iniuria est recti.

(20) Idem ergo de virtute dicemus: et haec recta est, flexuram non recipit; [rigidari quidem amplius intendi potest]. Haec de omnibus rebus iudicat, de hac nulla. Si rectior ipsa non potest fieri, ne quae ab illa quidem fiunt alia aliis rectiora sunt; huic enim necesse est respondeant; ita paria sunt.

(18) Die alten Akademiker geben zwar zu, dass sich das Glück auch unter einer solchen Folter findet, aber nicht im Vergleich mit einem vollendeten und auch nicht mit einem vollkommenen [Glück], was keinesfalls gutgeheißen werden kann: wenn es nicht glückbringend ist, ist es kein höchstes Gut. Was das höchste Gut ist, hat keine Stufe über sich, sofern ihm nur eine sittliche Vollkommenheit innewohnt, sofern ein Unglück jene nicht mindert, sofern sie auch im geschwächten Körper unversehrt bleibt: sie harrt nämlich aus. Ich denke jedenfalls an eine beherzte und erhabene Tugend, an eine die anspornt, was auch immer sie beunruhigt.

(19) Diesen Geist, den junge Männer von edlem Charakter oft annehmen, die die Schönheit der sittlichen Vollkommenheit einer Sache stark beeindruckt hat, so dass sie alle zufälligen Güter geringschätzen, wird die Weisheit jedenfalls einströmen lassen und lehren; sie wird davon überzeugen, dass allein das gut ist, was tugendhaft ist, dass dieses weder zurückgegeben noch gesteigert werden kann, ebenso wenig wie ein Richtholz gekrümmt wird, durch das gewöhnlich nachgewiesen wird, was gerade ausgerichtet ist. Was auch immer man an ihm ändert, ist eine Verletzung der geraden Linie.

(20) Dasselbe werden wir darum auch über die sittliche Vollkommenheit sagen: auch sie ist gerade ausgerichtet, lässt keine Krümmung zu; gewiss kann sie mehr noch gehärtet als gesteigert werden. Sie urteilt über alles, nichts [urteilt] über sie. Wenn sie selbst nicht gerader werden kann, sind die Dinge, die ja von ihr erschaffen werden, einander [auch] nicht gerader; sie müssen ihr nämlich entsprechen; also sind sie gleich.

(21) 'Quid ergo?', inquis, 'iacere in convivio et torqueri paria sunt?' Hoc mirum videtur tibi? Illud licet magis admireris: iacere in convivio malum est, iacere in eculeo bonum est, si illud turpiter, hoc honeste fit. Bona ista aut mala non efficit materia sed virtus; haec ubicumque apparuit, omnia eiusdem mensurae ac pretii sunt.

(22) In oculos nunc mihi manus intentat ille qui omnium animum aestimat ex suo, quod dicam paria bona esse honeste iudicantis <et honeste periclitantis,> quod dicam paria bona esse eius qui triumphat et eius qui ante currum vehitur invictus animo. Non putant enim fieri quidquid facere non possunt; ex infirmitate sua ferunt de virtute sententiam.

(23) Quid miraris si uri, vulnerari, occidi, alligari iuvat, aliquando etiam libet? Luxurioso frugalitas poena est, pigro supplicii loco labor est, delicatus miseretur industrii, desidioso studere torqueri est: eodem modo haec ad quae omnes imbecilli sumus dura atque intoleranda credimus, obliti quam multis tormentum sit vino carere aut prima luce excitari. Non ista difficilia sunt natura, sed nos fluvidi et enerves.

(21) „Was nun also?", fragst du, „sich zum Gastmahl niederzulegen ist das Gleiche wie gefoltert zu werden?" Dir scheint dies verwunderlich? Über Folgendes magst du eher noch staunen: beim Gastmahl zu liegen, ist ein Übel, unter der Folter danieder zu liegen, ist ein Gut, wenn ersteres unsittlich, letzteres ehrenvoll geschieht. Nicht der Anlass bringt diese Güter und Übel hervor, sondern die sittliche Vollkommenheit; wo auch immer diese zum Vorschein kommt, besitzt alles dasselbe Maß und denselben Wert.

(22) [Direkt] in die Augen richtet derjenige nun drohend mir die Hände entgegen, der die Denkart aller nach seiner eigenen einschätzt, weil ich behaupten könnte, dass die Güter desjenigen, der ehrenhaft das Urteil spricht, und desjenigen, der ehrenhaft unter Anklage steht, gleichwertig sind, weil ich behaupten könnte, dass die Güter dessen, der einen Triumph hält, und dessen, der im Geiste unbesiegt vor dem Karren mitgeführt wird, gleich sind. Sie glauben nämlich nicht, dass alles, was sie nicht zu leisten imstande sind, geleistet werden kann; aus ihrer Schwäche heraus fällen sie ein Urteil über das sittlich Gute.

(23) Warum wundert es dich, dass es Freude bereitet, verbrannt, verwundet, getötet [oder] gefesselt zu werden, es zuweilen sogar erlaubt ist? Für den Ausschweifenden ist Genügsamkeit eine Qual, für den Faulen ist Arbeit wie eine Bestrafung, der Genießer hat Mitleid mit dem Fleißigen, zu philosophieren heißt für den überaus Müßigen, gequält zu werden: auf dieselbe Weise halten wir das, bezüglich dessen wir alle schwach sind, für hart und unerträglich, nicht beachtend, wie vielen es eine Qual ist, auf Wein verzichten zu müssen oder bei Tagesanbruch geweckt zu werden. Diese Dinge sind nicht von Natur aus schwierig, sondern wir [sind] hinfällig und kraftlos.

(24) Magno animo de rebus magnis iudicandum est; alioqui videbitur illarum vitium esse quod nostrum est. Sic quaedam rectissima, cum in aquam demissa sunt, speciem curvi praefractique visentibus reddunt. Non tantum quid videas, sed quemadmodum, refert: animus noster ad vera perspicienda caligat.

(25) Da mihi adulescentem incorruptum et ingenio vegetum: dicet fortunatiorem sibi videri qui omnia rerum adversarum onera rigida cervice sustollat, qui supra fortunam exstet. Non est mirum in tranquillitate non concuti: illud mirare, ibi extolli aliquem ubi omnes deprimuntur, ibi stare ubi omnes iacent.

(26) Quid est in tormentis, quid est in aliis quae adversa appellamus mali? Hoc, ut opinor, succidere mentem et incurvari et succumbere. Quorum nihil sapienti viro potest evenire: stat rectus sub quolibet pondere. Nulla illum res minorem facit; nihil illi eorum quae ferenda sunt displicet. Nam quidquid cadere in hominem potest in se cecidisse non queritur. Vires suas novit; scit se esse oneri ferendo.

(24) Mit starker Gesinnung muss über die bedeutenden Dinge geurteilt werden; andernfalls wird für deren Fehler gehalten werden, was der unsrige ist. So bringt etwas völlig Gerades, wenn es ins Wasser herabgesenkt wurde, das Aussehen des Gekrümmten und Abgebrochenen zum Vorschein. Es kommt nicht so sehr darauf an, was man betrachtet, sondern auf welche Weise: unserem Geist mangelt es an Einsicht, um die wahrhaftigen Dinge zu erkennen.

(25) Bring mir einen jungen Mann, unverdorben und mit lebhaftem Verstand: er wird sagen, dass ihm mehr vom Glück begünstigt scheint, der all die Lasten der widrigen Umstände mit unbeugsamen Nacken emporhebt, der über das Schicksal herausragt. Es ist nicht bewundernswert, während des Friedens nicht beunruhigt zu werden. Blicke mit Bewunderung auf Folgendes hin; dass manch einer dort aufgerichtet wird, wo alle niederdrückt werden, dass einer dort aufrecht steht, wo alle darniederliegen.

(26) Was ist an der Folter, was ist an den anderen Dingen, die wir als Unglück bezeichnen, von Übel? Ein dieses, wie ich meine, dass der Geist niedersinkt, [und] gebeugt wird und unterliegt. Nichts von diesen kann einem philosophisch gebildeten Mann widerfahren: aufrecht zeigt er sich unter jeder beliebigen Last. Nichts macht ihn kleiner; nichts von dem, das ertragen werden muss, missfällt ihm. Denn er beklagt sich nicht, dass alles, was einem Menschen widerfahren kann, ihn [selbst] getroffen hat. Er hat seine Stärke erkannt; er weiß, dass er die Last zu tragen hat.

(27) Non educo sapientem ex hominum numero nec dolores ab illo sicut ab aliqua rupe nullum sensum admittente summoveo. Memini ex duabus illum partibus esse compositum: altera est irrationalis, haec mordetur, uritur, dolet; altera rationalis, haec inconcussas opiniones habet, intrepida est et indomita. In hac positum est summum illud hominis bonum. Antequam impleatur, incerta mentis volutatio est; cum vero perfectum est, immota illi stabilitas est.

(28) Itaque inchoatus et ad summa procedens cultorque virtutis, etiam si appropinquat perfecto bono sed ei nondum summam manum imposuit, ibit interim cessim et remittet aliquid ex intentione mentis; nondum enim incerta transgressus est, etiam nunc versatur in lubrico. Beatus vero et virtutis exactae tunc se maxime amat cum fortissime expertus est, et metuenda ceteris, si alicuius honesti officii pretia sunt, non tantum fert sed amplexatur multoque audire mavult 'tanto melior' quam 'tanto felicior'.

(29) Venio nunc illo quo me vocat exspectatio tua. Ne extra rerum naturam vagari virtus nostra videatur, et tremet sapiens et dolebit et expallescet; hi enim omnes corporis sensus sunt. Ubi ergo calamitas, ubi illud malum verum est? Illic scilicet, si ista animum detrahunt, si ad confessionem servitutis adducunt, si illi paenitentiam sui faciunt.

(27) Ich führe den Weisen nicht aus der Masse der Menschen empor und ich halte nicht Schmerzen von ihm fern wie von irgendeinem Fels, der keine Empfindung zulässt. Ich besinne mich darauf, dass er aus zwei Teilen zusammengesetzt ist: der eine ist ohne Vernunft: dieser wird gepeinigt, wird beunruhigt, er empfindet Schmerz; der andere [ist] vernunftbegabt: dieser besitzt unerschütterliche Ansichten, furchtlos ist er und unbezwingbar. In diesem [Teil] ist jenes höchste Gut des Menschen gelegen. Ehe es ganz erreicht wird, existiert eine schwankende Unruhe des Geistes; sobald es aber vollendet ist, besitzt es eine unerschütterliche Standhaftigkeit.

(28) Daher wird der Unvollkommene und derjenige, der zum Höchsten fortschreitet, und überhaupt ein Freund der sittlichen Vollkommenheit, auch wenn er sich dem vollkommenen Gut nähert, aber noch nicht letzte Hand an es gelegt hat, zuweilen Rückschritte machen und etwas in seiner Geistesanstrengung nachlassen; über die Ungewissheit ist er nämlich noch nicht hinweggeschritten, er befindet sich immer noch auf unsicherem Boden. Wahrhaftig glücklich und von vollendeter Tugend findet er dann überaus Gefallen an sich, wenn er am stärksten erprobt wurde, und wenn es der Preis irgendeiner tugendhaften Pflicht ist, erträgt er nicht nur, was die Übrigen fürchten, sondern legt großen Wert darauf und will viel lieber ein „gut gemacht" als ein „Glück gehabt" hören.

(29) Ich komme nun auf das, wohin mich deine Neugierde lockt. Man soll nicht meinen, dass sich unsere sittliche Vollkommenheit außerhalb der Natur der Dinge verbreitet: auch der Weise wird zittern und Schmerzen empfinden und erschrecken; all diese Dinge sind nämlich Empfindungen des Körpers. Worin besteht also das Unglück? Worin das wahrhaft Üble? Darin natürlich, dass diese das Selbstvertrauen entreißen, dass sie zu einer Anerkennung der Knechtschaft führen, dass sie bei ihm Reue über sich selbst hervorrufen.

(30) Sapiens quidem vincit virtute fortunam, at multi professi sapientiam levissimis nonnumquam minis exterriti sunt. Hoc loco nostrum vitium est, qui idem a sapiente exigimus et a proficiente. Suadeo adhuc mihi ista quae laudo, nondum persuadeo; etiam si persuasissem, nondum tam parata haberem aut tam exercitata ut ad omnes casus procurrerent.

(31) Quemadmodum lana quosdam colores semel ducit, quosdam nisi saepius macerata et recocta non perbibit, sic alias disciplinas ingenia, cum accepere, protinus praestant: haec, nisi alte descendit et diu sedit et animum non coloravit sed infecit, nihil ex iis quae promiserat praestat.

(32) Cito hoc potest tradi et paucissimis verbis: unum bonum esse virtutem, nullum certe sine virtute, et ipsam virtutem in parte nostri meliore, id est rationali, positam. Quid erit haec virtus? Iudicium verum et immotum; ab hoc enim impetus venient mentis, ab hoc omnis species quae impetum movet redigetur ad liquidum.

(30) Der Weise allerdings überwindet das Schicksal aufgrund seiner sittlichen Vollkommenheit, doch viele von denen, die sich öffentlich zur Philosophie bekannt haben, ließen sich mehr als einmal von geringfügigsten Drohungen aufschrecken. Hier liegt unser Fehler, dass wir vom Weisen und von dem, der [erst] voranschreitet, dasselbe verlangen. Ich rate mir noch immer zu den Dingen, die ich lobend erwähne – überzeugt bin ich noch nicht; selbst wenn ich überzeugt wäre, hielte ich sie noch nicht für so gut vorbereitet oder für so eingeübt, dass sie gegen alle Schicksalsschläge vorrücken könnten.

(31) So wie Wolle manche Farben ein für alle Mal annimmt, manche nur ganz in sich aufnimmt, wenn sie mehrmals eingeweicht und aufgekocht wurde, so stellt der Verstand andere Lehren, sobald er sie aufgenommen hat, unverzüglich zur Verfügung: unsere [dagegen] gewährt nichts von dem, was sie versprochen hatte, wenn sie nicht tief eingedrungen ist, [und] sich eine lange Zeit gesetzt und dem Geist nicht Kolorit gegeben, sondern durchtränkt hat.

(32) Man kann Folgendes schnell mit sehr wenigen Worten lehren: dass die sittliche Vollkommenheit das einzige Gut ist, dass ohne die sittliche Vollkommenheit nichts gewiss ist und dass die sittliche Vollkommenheit unmittelbar in dem besseren Teil von uns, das bedeutet im vernunftbegabten, gelegen ist. Was wird diese sittliche Vollkommenheit sein? Die wahre und unerschütterliche Erkenntnis; aus dieser werden nämlich die Leidenschaften des Geistes erwachsen, von dieser wird jede Vorstellung, welche die Leidenschaft erweckt, zur Gewissheit gebracht.

(33) Huic iudicio consentaneum erit omnia quae virtute contacta sunt et bona iudicare et inter se paria. Corporum autem bona corporibus quidem bona sunt, sed in totum non sunt bona; his pretium quidem erit aliquod, ceterum dignitas non erit; magnis inter se intervallis distabunt: alia minora, alia maiora erunt.

(34) Et in ipsis sapientiam sectantibus magna discrimina esse fateamur necesse est: alius iam in tantum profecit ut contra fortunam audeat attollere oculos, sed non pertinaciter – cadunt enim nimio splendore praestricti –, alius in tantum ut possit cum illa conferre vultum, nisi iam pervenit ad summum et fiduciae plenus est.

(35) Imperfecta necesse est labent et modo prodeant, modo sublabantur aut succidant. Sublabentur autem, nisi ire et niti perseveraverint; si quicquam ex studio et fideli intentione laxaverint, retro eundum est. Nemo profectum ibi invenit ubi reliquerat.

(33) Mit dieser Erkenntnis wird es vereinbar sein, alle Dinge, die von der sittlichen Vollkommenheit berührt sind, sowohl zu Gütern als auch für untereinander gleich zu erklären. Die Güter des Körpers jedoch sind zwar tauglich für die Körper, aber im Ganzen sind sie keine Güter; sicherlich werden sie irgendeinen Wert haben, doch keine Würde besitzen; sie werden durch große Abstände voneinander getrennt sein: die einen werden geringer, die anderen bedeutender sein.

(34) Auch müssen wir eingestehen, dass selbst unter denen, die eifrig nach der Weisheit streben, große Unterschiede bestehen: der eine hat gerade so weit Fortschritte gemacht, dass er es wagt, die Augen gegen das Schicksal zu erheben, jedoch nicht unablässig – von der allzu großen Herrlichkeit geblendet, senken sie sich nämlich –, der andere so weit, dass er den Blick gegen es wenden kann, wenn er nicht schon am Höchsten angekommen und reich an Selbstvertrauen ist.

(35) Notwendigerweise sind unvollkommene Dinge unzuverlässig und so treten sie bald hervor, bald gleiten sie ab oder sinken sogar in sich zusammen. Abgleiten werden sie aber, wenn sie nicht beharrlich fortfahren, vorwärts zu schreiten und emporzustreben; wenn sie in ihrem Eifer und ihrer dauerhaften Anstrengung [nur] etwas nachlassen, muss zurückgegangen werden. Niemand findet das, was sich aufgemacht hat, dort wieder, wo er es zurückgelassen hatte.

(36) Instemus itaque et perseveremus; plus quam profligavimus restat, sed magna pars est profectus velle proficere. Huius rei conscius mihi sum: volo et mente tota volo. Te quoque instinctum esse et magno ad pulcherrima properare impetu video. Properemus: ita demum vita beneficium erit; alioquin mora est, et quidem turpis inter foeda versantibus. Id agamus ut nostrum omne tempus sit; non erit autem, nisi prius nos nostri esse coeperimus.

(37) Quando continget contemnere utramque fortunam, quando continget omnibus oppressis affectibus et sub arbitrium suum adductis hanc vocem emittere 'vici'? Quem vicerim quaeris? Non Persas nec extrema Medorum nec si quid ultra Dahas bellicosum iacet, sed avaritiam, sed ambitionem, sed metum mortis, qui victores gentium vicit. Vale.

(36) Daher sollten wir nicht ablassen und standhaft bleiben; mehr als wir unterworfen haben, leistet noch Widerstand, allein ein Großteil des Fortschritts besteht darin, fortschreiten zu wollen. Dieser Tatsache bin ich mir bewusst: ich begehre es und ich begehre es mit ganzem Herzen. Ich sehe, dass auch du den inneren Anreiz besitzt und mit großer Begeisterung zum Vortrefflichsten eilst. Lass uns eilen: erst auf diese Weise wird das Leben eine Wohltat sein; andernfalls ist es ein Aufschub, und für diejenigen, die unter den Verachtenswerten verweilen, gewiss ein schändlicher. Lass uns darauf hinarbeiten, dass alle Zeit uns gehört; sie wird jedoch nur unsere sein, wenn wir beginnen, uns [selbst] zu gehören.

(37) Wann wird es gelingen, beides, Glück und Unglück, geringzuschätzen? Wann wird es gelingen, nachdem alle Leidenschaften unterdrückt und unter den eigenen Willen gebracht worden sind, dieses hier verlauten zu lassen: „Ich habe gesiegt"? Wen ich überwunden habe, fragst du? Nicht die Perser und weder die äußersten [Stämme] der Meder noch, falls vorhanden, was kriegerisch jenseits der Daker haust, sondern die Habsucht, sondern den Ehrgeiz, sondern die Todesangst, welche [selbst] die Bezwinger der Völker überwältigt hat. Lebe wohl.

Liber VIII – Epistula LXXII

Seneca Lucilio suo Salutem,

(1) Quod quaeris a me liquebat mihi – sic rem edidiceram – per se; sed diu non retemptavi memoriam meam, itaque non facile me sequitur. Quod evenit libris situ cohaerentibus, hoc evenisse mihi sentio: explicandus est animus et quaecumque apud illum deposita sunt subinde excuti debent, ut parata sint quotiens usus exegerit. Ergo hoc in praesentia differamus; multum enim operae, multum diligentiae poscit. Cum primum longiorem eodem loco speravero moram, tunc istud in manus sumam.

(2) Quaedam enim sunt quae possis et in cisio scribere, quaedam lectum et otium et secretum desiderant. Nihilominus his quoque occupatis diebus agatur aliquid et quidem totis. Numquam enim non succedent occupationes novae: serimus illas, itaque ex una exeunt plures. Deinde ipsi nobis dilationem damus: 'Cum hoc peregero, toto animo incumbam' et 'Si hanc rem molestam composuero, studio me dabo.'

Buch 8 – Brief 72

Seneca grüßt seinen Lucilius,

(1) Was du von mir zu erfahren suchst, war mir – in dem Grade ich den
Gegenstand gründlich erlernt hatte – an sich klar; aber ich habe mein Ge-
dächtnis lange nicht wieder versucht und so hält es nicht leicht mit mir
Schritt. Was bei zusammenhängenden Schriften durch langes Liegen eintritt, das ist, denke ich, [auch] mir widerfahren: der Geist muss [daher]
entfaltet werden und alle Dinge, die bei ihm in Verwahrung gegeben worden sind, müssen von Zeit zu Zeit herausgeschüttelt werden, um immer,
wenn es die Notwendigkeit verlangt, bereit zu sein. Lass uns dieses also
für den Augenblick verschieben; es erfordert nämlich viel Arbeit, [und]
viel Sorgfalt. Sobald mir ein längerer Aufenthalt an demselben Orte in
Aussicht steht, werde ich es alsdann in die Hand nehmen.

(2) Es gibt nämlich manches, das man auch in einem Reisewagen schrei-
ben kann, manch [anderes] verlangt ein Liegesofa, Ruhe und Abgeschiedenheit. Trotzdem sollte auch an den gegenwärtigen geschäftigen Tagen
etwas getan werden – und zwar an allen. Es rücken nämlich immer neue
geschäftliche Beanspruchungen nach: wir säen sie aus, daher gehen viele
aus einer einzigen hervor. Hierauf gewähren wir uns selbst einen Aufschub: „Sobald ich dieses zu Ende geführt habe, werde ich mich mit ganzem Willen darauf stürzen" und auch: „Wenn ich diese lästige
Angelegenheit geordnet habe, werde ich mich dem Studium hingeben."

(3) Non cum vacaveris philosophandum est, sed ut philosopheris vacandum est; omnia alia neglegenda ut huic assideamus, cui nullum tempus satis magnum est, etiam si a pueritia usque ad longissimos humani aevi terminos vita producitur. Non multum refert utrum omittas philosophiam an intermittas; non enim ubi interrupta est manet, sed eorum more quae intenta dissiliunt usque ad initia sua recurrit, quod a continuatione discessit. Resistendum est occupationibus, nec explicandae sed summovendae sunt. Tempus quidem nullum est parum idoneum studio salutari; atqui multi inter illa non student propter quae studendum est.

(4) 'Incidet aliquid quod impediat.' Non quidem eum cuius animus in omni negotio laetus atque alacer est: imperfectis adhuc interscinditur laetitia, sapientis vero contexitur gaudium, nulla causa rumpitur, nulla fortuna; semper et ubique tranquillus est. Non enim ex alieno pendet nec favorem fortunae aut hominis exspectat. Domestica illi felicitas est; exiret ex animo si intraret: ibi nascitur.

(5) Aliquando extrinsecus quo admoneatur mortalitatis intervenit, sed id leve et quod summam cutem stringat. Aliquo, inquam, incommodo afflatur; maximum autem illud bonum fixum est. Ita dico, extrinsecus aliqua sunt incommoda, velut in corpore interdum robusto solidoque eruptiones quaedam pustularum et ulcuscula, nullum in alto malum est.

(3) Nicht wenn man Zeit hat, muss man philosophieren, sondern man muss sich die Zeit nehmen, um zu philosophieren; alles andere ist zu vernachlässigen, um uns dem zu widmen, dem keine Zeit lang genug ist, selbst wenn das Leben vom Kindesalter bis zur äußersten Grenze des menschlichen Alters ausgedehnt wird. Es kommt nicht groß darauf an, ob man das Bemühen um Weisheit aufgibt oder es zeitweilig aussetzt; denn sie verweilt nicht [dort], wo sie unterbrochen wurde, sondern nach Art und Weise der Dinge, die unter Spannung zerreißen, kehrt sie immerfort zu ihrem Ursprung zurück, weil sie von der unmittelbaren Aufeinanderfolge abgewichen ist. Man muss den geschäftlichen Beanspruchungen widerstehen, und sie dürfen nicht ausgedehnt, sondern müssen zurückgedrängt werden. Gewiss gibt es keine wenig geeignete Zeit für eine zuträgliche wissenschaftliche Beschäftigung; und doch studieren viele nicht während jener [Zeiten], nahe derer man studieren muss.

(4) „Irgendetwas wird eintreten, das [einen] abhält." Allerdings nicht denjenigen, dessen Geist bei allen Tätigkeiten heiter und lebhaft ist: bei den Unvollkommenen wird die Fröhlichkeit immer noch unterbrochen, die Freude des Weisen aber wird stetig fortgesetzt, von keiner Sache, von keinem Schicksalsschlag lässt er sich stören; immer und überall ist er gelassen. Denn er hängt nicht von fremden Dingen ab und erwartet auch nicht die Gunst des Schicksals oder die eines Menschen. Sein Glück beruht auf den innerlichen Dingen; es würde, wenn es von Außen einträte, aus dem Herzen weichen: es entsteht in ihm.

(5) Eines Tages tritt von außen etwas hinzu, durch das er an seine Sterblichkeit erinnert wird, aber das ist unbedeutend und etwas, das die oberste Schicht streift. Von einem Unglück, sage ich, wird er angehaucht: jenes höchste Gut jedoch steht fest. Daher versichere ich: äußerlich sind manche Widrigkeiten vorhanden, wie zum Beispiel in einem kräftigen und starken Körper zuweilen manche Ausbrüche von Hautbläschen und kleine Geschwüre, im Inneren liegt keine Krankheit vor.

(6) Hoc, inquam, interest inter consummatae sapientiae virum et alium procedentis quod inter sanum et ex morbo gravi ac diutino emergentem, cui sanitatis loco est levior accessio: hic nisi attendit, subinde gravatur et in eadem revolvitur, sapiens recidere non potest, ne incidere quidem amplius. Corpori enim ad tempus bona valetudo est, quam medicus, etiam si reddidit, non praestat – saepe ad eundem qui advocaverat excitatur: <animus> semel in totum sanatur.

(7) Dicam quomodo intellegas sanum: si se ipse contentus est, si confidit sibi, si scit omnia vota mortalium, omnia beneficia quae dantur petunturque, nullum in beata vita habere momentum. Nam cui aliquid accedere potest, id imperfectum est; cui aliquid abscedere potest, id imperpetuum est: cuius perpetua futura laetitia est, is suo gaudeat. Omnia autem quibus vulgus inhiat ultro citroque fluunt: nihil dat fortuna mancipio. Sed haec quoque fortuita tunc delectant cum illa ratio temperavit ac miscuit: haec est quae etiam externa commendet, quorum avidis usus ingratus est.

(6) Dies ist der Unterschied, sage ich, zwischen einem Mann von vollkommener Weisheit und einem anderen, der [noch] voran schreitet, wie zwischen einem gesunden und dem, der sich von einer schweren und langwierigen Krankheit erholt, für den ein leichterer Fieberanfall ganz wie eine Genesung ist: wenn ein solcher nicht achtgibt, wird er gleich darauf ermatten und in dieselbe [Krankheit] zurückfallen; der Weise kann nicht rückfällig werden, nicht einmal weiter in sie verfallen. Der Körper besitzt nämlich [nur] vorübergehend eine gute Gesundheit, für die der Arzt sich nicht verbürgt, auch wenn er sie wiederhergestellt hat – oft wird er zu demselben herausgerufen, der ihn [zuvor] hinzugezogen hatte: der Geist wird einmal ganz und gar geheilt.

(7) Ich werde [dir] sagen, wie man einen gesunden [Geist] erkennt: wenn er mit sich selbst zufrieden ist, wenn er Vertrauen in sich hat, wenn er weiß, dass alle irdischen Wünsche, alle Wohltaten, die verliehen und die erbeten werden, keinen Wert für ein reiches Leben haben. Denn zu dem irgendetwas hinzukommen kann, das ist unvollkommen; dem irgendetwas verlorengehen kann, das ist unbeständig: wer in immerwährender Freude leben will, der sollte sich an dem Seinen erfreuen. Alles jedoch, wonach das einfache Volk gierig trachtet, fließt hin und her: nichts gewährt [ihm] das Schicksal an Eigentum. Aber auch diese zufälligen Ereignisse bereiten dann Freude, wenn die Vernunft sie gebändigt und zugeordnet hat: sie ist es, die auch die äußeren Dinge der Welt empfiehlt, deren Gebrauch bei den Unersättlichen keinen Dank erntet.

———————— & ————————

(8) Solebat Attalus hac imagine uti: 'Vidisti aliquando canem missa a domino frusta panis aut carnis aperto ore captantem? Quidquid excepit protinus integrum devorat et semper ad spem venturi hiat. Idem evenit nobis: quidquid exspectantibus fortuna proiecit, id sine ulla voluptate demittimus statim, ad rapinam alterius erecti et attoniti.' Hoc sapienti non evenit: plenus est; etiam si quid obvenit, secure excipit ac reponit; laetitia fruitur maxima, continua, sua.

(9) Habet aliquis bonam voluntatem, habet profectum, sed cui multum desit a summo: hic deprimitur alternis et extollitur ac modo in caelum allevatur, modo defertur ad terram. Imperitis ac rudibus nullus praecipitationis finis est; in Epicureum illud chaos decidunt, inane sine termino.

(10) Est adhuc genus tertium eorum qui sapientiae alludunt, quam non quidem contigerunt, in conspectu tamen et, ut ita dicam, sub ictu habent: hi non concutiuntur, ne defluunt quidem; nondum in sicco, iam in portu sunt.

(11) Ergo cum tam magna sint inter summos imosque discrimina, cum medios quoque sequatur fluctus suus, sequatur ingens periculum ad deteriora redeundi, non debemus occupationibus indulgere. Excludendae sunt: si semel intraverint, in locum suum alias substituent. Principiis illarum obstemus: melius non incipient quam desinent. Vale.

————————

(8) Attalus hat oft folgendes Bild gebraucht: „Hast du dir einmal einen Hund angeschaut, der mit offenem Maul das vom Herrn fortgeschleuderte Stück Brot oder Fleisch zu fassen sucht? Alles, was er auffängt, schlingt er unverzüglich im Ganzen hinunter und immer sperrt er das Maul in der Hoffnung auf, dass [noch] etwas kommen wird. Dasselbe geschieht uns: was auch immer das Schicksal denjenigen, die es sich ersehnen, vor die Füße wirft, das nehmen wir ohne irgendeine Freude auf, zum Fortraffen des nächsten erregt und begeistert." Dem Weisen widerfährt dies nicht: er ist gesättigt; auch wenn ihm etwas zufällt, nimmt er es unbekümmert auf und legt es beiseite; er genießt eine außerordentlich große, eine immer fortdauernde, eine ihm eigene Freude.

(9) Manch einer zeigt seinen guten Willen, weist Fortschritte auf, aber vom Höchsten mag ihm viel fehlen: ein solcher wird abwechselnd niedergedrückt und aufgerichtet, [und] bald in den Himmel emporgehoben, bald auf die Erde hinabgestoßen. Für Unerfahrene und Ungebildete gibt es kein Ende des Falls; sie geraten in jenes Chaos des Epikur, nichtig ohne Ziel.

(10) Es gibt noch eine dritte Art: diejenigen, die nah an die Weisheit heranreichen, sie aber nicht erreicht haben, die sie immerhin vor Augen und, wie ich daher zu sagen pflege, in Schussweite haben: diese lassen sich nicht erschüttern, werden nicht einmal treulos; sie sind noch nicht auf dem Trockenen, aber schon im Hafen.

(11) Wenn also so große Abstände zwischen den Höchsten und den Geringsten bestehen, wenn Ungemach auch die in der Mitte begleitet, [und] sich das ungeheure Risiko anschließt, zum Schlechteren zurückzukehren, dürfen wir uns nicht den Geschäften widmen. Man muss sie abweisen: wenn sie einmal eindringen, werden sie andere an ihre Stelle setzen. Ihren Anfängen müssen wir entgegenstehen: besser, sie nehmen keinen Anfang, als dass sie endigen. Lebe wohl.

Liber VIII – Epistula LXXIII

Seneca Lucilio suo Salutem,

(1) Errare mihi videntur qui existimant philosophiae fideliter deditos contumaces esse ac refractarios, contemptores magistratuum aut regum eorumve per quos publica administrantur. Ex contrario enim nulli adversus illos gratiores sunt, nec immerito; nullis enim plus praestant quam quibus frui tranquillo otio licet.

(2) Itaque ii quibus multum ad propositum bene vivendi confert securitas publica necesse est auctorem huius boni ut parentem colant, multo quidem magis quam illi inquieti et in medio positi, qui multa principibus debent sed multa et imputant, quibus numquam tam plene occurrere ulla liberalitas potest ut cupiditates illorum, quae crescunt dum implentur, exsatiet. Quisquis autem de accipiendo cogitat oblitus accepti est, nec ullum habet malum cupiditas maius quam quod ingrata est.

(3) Adice nunc quod nemo eorum qui in re publica versantur quot vincat, sed a quibus vincatur, aspicit; et illis non tam iucundum est multos post se videre quam grave aliquem ante se. Habet hoc vitium omnis ambitio: non respicit. Nec ambitio tantum instabilis est, verum cupiditas omnis, quia incipit semper a fine.

Buch 8 – Brief 73

Seneca grüßt seinen Lucilius,

(1) Es scheinen mir diejenigen zu irren, die meinen, dass die aufrichtigen Verfechter der Philosophie eigensinnig und widerspenstig sind, Verächter der Magistrate oder der Fürsten oder derer, durch welche die Gemeinwesen verwaltet werden. Im Gegenteil: keiner ist nämlich den genannten dankbarer, und das nicht zu Unrecht; denn für keinen leisten sie mehr als für die, denen es möglich ist, in Ruhe ihre arbeitsfreie Zeit zu genießen.

(2) Deshalb müssen diejenigen, für die die öffentliche Sicherheit in ihrer Absicht, tugendhaft zu leben, oft förderlich ist, den Urheber dieses Guts wie einen Vater verehren, viel mehr gewiss, als jene, die ruhelos in der Öffentlichkeit stehen, die den Herrschern vieles verdanken, aber auch vieles auf die Rechnung setzen, denen niemals irgendeine Freigebigkeit so reichlich entgegentreten kann, dass sie ihre Begierden, die sich steigern, während sie befriedigt werden, völlig sättigt. Jeder aber, der [nur] darauf bedacht ist, etwas entgegenzunehmen, vergisst, was er [bereits] entgegengenommen hat, und kein größeres Übel trägt die Begierde in sich, als dass sie undankbar ist.

(3) Nimm nun hinzu, dass niemand von denen, die sich mit den Staatsgeschäften beschäftigen, darauf sieht, wie viele er übertrifft, sondern von welchen er übertroffen werden könnte. Und es ist ihnen nicht in dem Maße angenehm, viele hinter sich, wie es ihnen unangenehm ist, irgendeinen vor sich zu sehen. Jeder Ehrgeiz trägt diesen Mangel in sich: er schaut nicht zurück. Und nicht nur der Ehrgeiz ist unbeständig, ja tatsächlich jede Begierde, weil sie nach dem Gipfel stets neu beginnt.

(4) At ille vir sincerus ac purus, qui reliquit et curiam et forum et omnem administrationem rei publicae ut ad ampliora secederet, diligit eos per quos hoc ei facere tuto licet solusque illis gratuitum testimonium reddit et magnam rem nescientibus debet. Quemadmodum praeceptores suos veneratur ac suspicit quorum beneficio illis inviis exit, sic et hos sub quorum tutela positus exercet artes bonas.

(5) 'Verum alios quoque rex viribus suis protegit.' Quis negat? Sed quemadmodum Neptuno plus debere se iudicat ex iis qui eadem tranquillitate usi sunt qui plura et pretiosiora illo mari vexit, animosius a mercatore quam a vectore solvitur votum et ex ipsis mercatoribus effusius ratus est qui odores ac purpuras et auro pensanda portabat quam qui vilissima quaeque et saburrae loco futura congesserat, sic huius pacis beneficium ad omnis pertinentis altius ad eos pervenit qui illa bene utuntur.

(4) Aber jener ehrliche und rechtschaffene Mann, der sowohl die Kurie als auch das Forum und jeden Staatsdienst hinter sich gelassen hat, um sich für Bedeutenderes zurückzuziehen, hält diejenigen lieb und wert, mit Hilfe derer es ihm möglich ist, dieses in Sicherheit zu tun, und er allein legt unentgeltlich Zeugnis für sie ab und ist ihnen, ohne ihr Wissen, etwas Großes schuldig. Auf die gleiche Weise wie er seine Lehrmeister verehrt und diejenigen bewundert, durch deren Verdienst er jenes unwegsame Gelände verlassen hat, so [verehrt er] auch diejenigen, unter deren Schutz gestellt er die schönen Künste ausübt.

(5) „Allerdings schützt ein König auch andere durch seine Macht." Wer leugnet das? Aber so wie sich von denen, die dasselbe ruhige Wetter genossen haben, derjenige im höheren Grad Neptun verpflichtet glaubt, der mehr und kostbarere Dinge mit sich über jenes Meer geführt hat, so wie mutiger vom Kaufmann als vom Passagier ein Gelübde eingelöst wird, und so wie von den Kaufleuten selbst derjenige unmäßiger in diesem Glauben ist, der wohlriechende Stoffe und Purpur sowie Dinge, die in Gold aufzuwiegen sind, transportierte, als derjenige, der angehäuft hatte, was ein jedes für sich äußerst erschwinglich ist und anstelle von Ballast dienen könnte, so hat die Vergünstigung durch diesen Frieden, der sich auf alle erstreckt, eine höhere Bedeutung für diejenigen, die ihn glückbringend nutzen.

(6) Multi enim sunt ex his togatis quibus pax operosior bello est: an idem existimas pro pace debere eos qui illam ebrietati aut libidini impendunt aut aliis vitiis quae vel bello rumpenda sunt? Nisi forte tam iniquum putas esse sapientem ut nihil viritim se debere pro communibus bonis iudicet. Soli lunaeque plurimum debeo, et non uni mihi oriuntur; anno temperantique annum deo privatim obligatus sum, quamvis nihil in meum honorem <tempora> discripta sint.

(7) Stulta avaritia mortalium possessionem proprietatemque discernit nec quicquam suum credit esse quod publicum est; at ille sapiens nihil magis suum iudicat quam cuius illi cum humano genere consortium est. Nec enim essent ista communia, nisi pars illorum pertineret ad singulos; socium efficit etiam quod ex minima portione commune est.

(8) Adice nunc quod magna et vera bona non sic dividuntur ut exiguum in singulos cadat: ad unumquemque tota perveniunt. E congiario tantum ferunt homines quantum in capita promissum est; epulum et visceratio et quidquid aliud manu capitur discedit in partes: at haec individua bona, pax et libertas, ea tam omnium tota quam singulorum sunt.

(6) Es gibt nämlich viele dieser Toga gekleideten Bürger, für die der Friede mit mehr Mühen verbunden ist als der Krieg: oder denkst du etwa, dass diejenigen gleichfalls für den Frieden dankbar sind, die ihn für Trunkenheit oder Wollust verwenden oder für andere Verfehlungen, die im Krieg sicherlich unterbrochen werden müssen? Es sei denn, du hältst den Weisen für so ungerecht zu glauben, dass er als einzelner Mann den öffentlichen Gütern nichts schuldig ist. Der Sonne und dem Mond schulde ich sehr viel – und sie zeigen sich nicht allein für mich; dem Verlauf des Jahres und dem Gott, der den Verlauf des Jahres gehörig einrichtet, bin ich persönlich verpflichtet, obgleich die Jahreszeiten keineswegs zu meiner Ehre geordnet sind.

(7) Die einfältige Habsucht der Menschen unterscheidet den Besitz und das Eigentum und sie glaubt nicht, dass irgendetwas das Ihre ist, was allen Staatsbürgern zu eigen ist; aber jener Weise hält nichts im höheren Grad für das Seine als das, woran er mit dem Menschengeschlecht gleichen Anteil hat. Und diese [Güter] wären sicherlich nicht öffentlich, wenn sich ein Teil von ihnen nicht auf den Einzelnen erstrecken würde; zum Teilhaber macht selbst, was vom kleinsten Anteil her Gemeingut ist.

(8) Füge nun hinzu, dass bedeutende und wahre Güter nicht auf eine Weise zerteilt werden, dass Einzelnen ein kleiner zufällt: zu jedem Einzelnen gelangt das Ganze. Bei einer Spende ans Volk tragen die Menschen so viel fort, wie pro Kopf zugesichert worden ist; ein Ehrenmahl, eine Fleischspende und alles andere, was von Hand empfangen wird, geht wieder in seine Teile über: aber die erwähnten unteilbaren Güter, Friede und Freiheit, sie gehören im vollen Umgang ebenso allen wie jedem Einzelnen.

(9) Cogitat itaque per quem sibi horum usus fructusque contingat, per quem non ad arma illum nec ad servandas vigilias nec ad tuenda moenia et multiplex belli tributum publica necessitas vocet, agitque gubernatori suo gratias. Hoc docet philosophia praecipue, bene debere beneficia, bene solvere; interdum autem solutio est ipsa confessio.

(10) Confitebitur ergo multum se debere ei cuius administratione ac providentia contingit illi pingue otium et arbitrium sui temporis et imperturbata publicis occupationibus quies.

O Meliboee, deus nobis haec otia fecit;
namque erit ille mihi semper deus.

(11) Si illa quoque otia multum auctori suo debent quorum munus hoc maximum est,

ille meas errare boves, ut cernis, et ipsum
ludere quae vellem calamo permisit agresti,

quanti aestimamus hoc otium quod inter deos agitur, quod deos facit?

(9) [Der Weise] überlegt daher, dank wessen ihm deren Gebrauch und Nutzen zuteilwird, dank wessen ihn ein staatlicher Zwang nicht zu den Waffen ruft, nicht zum Wachdienst, nicht zur Verteidigung der Stadtmauern und dem vielfältigen Tribut des Krieges, und er dankt dafür dem Regierenden. Folgendes lehrt die Philosophie vor allem: für Vergünstigungen gehörig dankbar zu sein, [und] sie gehörig zu vergelten; manchmal jedoch besteht die Ablöse bereits in der Anerkennung [der Schuld].

(10) Er wird also anerkennen, dass er demjenigen viel schuldig ist, durch dessen Amtsführung und Fürsorge ihm fruchtbare Muße, [und] die freie Entscheidung über seine Zeit und eine von öffentlicher Inanspruchnahme ungestörte Ruhe zuteilwird.

Oh, Meliboeus, ein Gott hat uns diese Muße gewährt;
wahrhaftig wird mir jener immer ein Gott sein.

(11) Wenn auch in der Tat jene Muße viel ihrem Schöpfer verdankt, deren größte Gunst das Folgende ist:

Wie du siehst, erlaubt es jener, dass meine Ochsen umherschweifen,
und dass ich selbst, wie ich es wünschte, auf der Hirtenflöte spiele, die
zum Landleben dazugehört,

wie hoch schätzen wir [dann] diese Muße ein, die unter Göttern verlebt wird, die zu Göttern macht?

(12) Ita dico, Lucili, et te in caelum compendiario voco. Solebat Sextius dicere Iovem plus non posse quam bonum virum. Plura Iuppiter habet quae praestet hominibus, sed inter duos bonos non est melior qui locupletior, non magis quam inter duos quibus par scientia regendi gubernaculum est meliorem dixeris cui maius speciosiusque navigium est.

(13) Iuppiter quo antecedit virum bonum? Diutius bonus est: sapiens nihilo se minoris aestimat quod virtutes eius spatio breviore cluduntur. Quemadmodum ex duobus sapientibus qui senior decessit non est beatior eo cuius intra pauciores annos terminata virtus est, sic deus non vincit sapientem felicitate, etiam si vincit aetate; non est virtus maior quae longior.

(14) Iuppiter omnia habet, sed nempe aliis tradidit habenda: ad ipsum hic unus usus pertinet, quod utendi omnibus causa est: sapiens tam aequo animo omnia apud alios videt contemnitque quam Iuppiter et hoc se magis suspicit quod Iuppiter uti illis non potest, sapiens non vult.

(12) Daher sage ich, Lucilius: auch ich lade dich auf kurzem Weg in den Himmel ein. Sextius pflegte zu sagen, dass Jupiter nicht zu mehr imstande ist als ein sittlich guter Mann. Jupiter hat mehr in seinem Besitz, als er den Menschen gewähren mag, aber unter zwei Gutgesinnten ist der nicht besser, der wohlhabender ist, ebenso wenig wie unter Zweien, die die gleiche Geschicklichkeit besitzen, das Ruder zu führen, derjenige sich besser nennen könnte, dem ein größeres und schöneres Schiff gehört.

(13) Weshalb ist Jupiter einem sittlich guten Mann überlegen? Er ist eine längere Zeit sittlich gut: der Weise schätzt sich keinesfalls geringer ein, weil seine tugendhaften Eigenschaften in kürzerer Zeit abgeschlossen werden. Wie von zwei Weisen nicht derjenige, der als Greis gestorben ist, glücklicher ist als derjenige, dessen sittliche Vollkommenheit auf wenige Jahre begrenzt war, so übertrifft ein Gott den Weisen nicht an Glück, auch wenn er ihn an Lebenszeit übertrifft; eine sittliche Vollkommenheit, die länger andauert, ist nicht größer.

(14) Jupiter besitzt alles, aber er hat es doch wohl anderen zum Besitz überlassen: dieser eine Gebrauch betrifft ihn allein, dass er der Beweggrund allen Gebrauchs ist: mit Gleichmut betrachtet der Weise alles im Hause der anderen und wie Jupiter verschmäht er es, und er achtet sich umso mehr, weil Jupiter diese Dinge nicht gebrauchen kann, der Weise es nicht will.

(15) Credamus itaque Sextio monstranti pulcherrimum iter et clamanti 'hac

itur ad astra,

hac secundum frugalitatem, hac secundum temperantiam, hac secundum fortitudinem.' Non sunt dii fastidiosi, non invidi: admittunt et ascendentibus manum porrigunt.

(16) Miraris hominem ad deos ire? Deus ad homines venit, immo quod est propius, in homines venit: nulla sine deo mens bona est. Semina in corporibus humanis divina dispersa sunt, quae si bonus cultor excipit, similia origini prodeunt et paria iis ex quibus orta sunt surgunt: si malus, non aliter quam humus sterilis ac palustris necat ac deinde creat purgamenta pro frugibus. Vale.

(15) Wir sollten daher Sextius Glauben schenken, der [uns] den vortrefflichsten Weg weist und laut verkündet: „Auf diesem Wege

geht man zu den Sternen,

auf diesem der Genügsamkeit folgend, auf diesem der Mäßigung folgend,
auf diesem der Tapferkeit folgend." Die Götter sind nicht hochmütig,
nicht missgünstig: sie lassen [uns] Eingang finden und denen, die sich
emporschwingen, reichen sie die Hand dar.

(16) Du wunderst dich, dass der Mensch zu den Göttern voranschreitet?
Gott gelangt zu den Menschen, ja, was sogar genauer ist, er gelangt in die
Menschen: es existiert keine tugendhafte Denkart ohne einen Gott. Überall in den Körpern der Menschen sind von den Göttern stammende Setz-
linge verstreut, die, wenn ein guter Pflanzer sie aufnimmt, dem Schöpfer
ähnlich zum Vorschein kommen und die sich denjenigen ebenbürtig zeigen, von denen sie ihren Ursprung nahmen: wenn ein schlechter [Pflanzer
sie aufnimmt], richtet er sie, nicht anders als ein unfruchtbarer und sump-
figer Boden, zugrunde, und anstelle von Früchten bringt er dann Aus-
schuss hervor. Lebe wohl.

Liber VIII – Epistula LXXIV

Seneca Lucilio suo Salutem,

(1) Epistula tua delectavit me et marcentem excitavit; memoriam quoque meam, quae iam mihi segnis ac lenta est, evocavit. Quidni tu, mi Lucili, maximum putes instrumentum vitae beatae hanc persuasionem unum bonum esse quod honestum est? Nam qui alia bona iudicat in fortunae venit potestatem, alieni arbitrii fit: qui omne bonum honesto circumscripsit intra se felix <est>.

(2) Hic amissis liberis maestus, hic sollicitus aegris, hic turpibus et aliqua sparsis infamia tristis; illum videbis alienae uxoris amore cruciari, illum suae; non deerit quem repulsa distorqueat; erunt quos ipse honor vexet.

(3) Illa vero maxima ex omni mortalium populo turba miserorum quam exspectatio mortis exagitat undique impendens; nihil enim est unde non subeat. Itaque, ut in hostili regione versantibus, huc et illuc circumspiciendum est et ad omnem strepitum circumagenda cervix; nisi hic timor e pectore eiectus est, palpitantibus praecordiis vivitur.

Buch 8 – Brief 74

Seneca grüßt seinen Lucilius,

(1) Dein Brief hat mir Freude bereitet und mich ermuntert, als ich kraftlos war; er hat auch mein Erinnerungsvermögen aufgeweckt, das bei mir schon träge und säumig ist. Warum solltest du, mein Lucilius, als wichtigstes Werkzeug für ein glückliches Leben nicht diese eine Überzeugung ansehen, dass nur ein Gut ist, was tugendhaft ist? Denn wer anderes für Güter hält, gerät unter die Herrschaft des Schicksals, fällt einer fremden Willkür anheim: wer jedes Gut auf das sittlich Vollkommene begrenzt, ist durch sich selbst glücklich.

(2) Der eine ist in Trauer, weil er seine Kinder verloren hat, der andere kummerbeladen, weil sie krank sind, wieder ein anderer betrübt, weil sie unsittlich und mit irgendeiner Schande befleckt sind; du wirst sehen, dass dieser von der Liebe zu einer fremden Frau gepeinigt wird, jener von der seiner eigenen; es wird derjenige nicht fehlen, den die erfolglose Bewerbung um ein Amt quält; es wird diejenigen geben, die gerade das Ehrenamt plagt.

(3) In der Tat ist aus dem ganzen Volk der Sterblichen jene Schar von Unglücklichen am größten, die eine von überall her drohende Todessehnsucht verfolgt; denn es gibt nichts, von wo sie sich nicht nähern könnte. Daher muss man, wie diejenigen, die sich in einer feindlichen Gegend herumtreiben, nach allen Seiten umherschauen und auf jedes Geräusch hin den Hals verdrehen; wenn diese Furcht nicht aus der Brust verbannt wurde, wird man mit klopfendem Herzen leben.

(4) Occurrent acti in exsilium et evoluti bonis; occurrent, quod genus egestatis gravissimum est, in divitis inopes; occurrent naufragi similiave naufragis passi, quos aut popularis ira aut invidia, perniciosum optimis telum, inopinantis securosque disiecit procellae more quae in ipsa sereni fiducia solet emergere, aut fulminis subiti ad cuius ictum etiam vicina tremuerunt. Nam ut illic quisquis ab igne propior stetit percusso similis obstipuit, sic in his per aliquam vim accidentibus unum calamitas opprimit, ceteros metus, paremque passis tristitiam facit pati posse.

(5) Omnium animos mala aliena ac repentina sollicitant. Quemadmodum aves etiam inanis fundae sonus territat, ita nos non ad ictum tantum exagitamur sed ad crepitum. Non potest ergo quisquam beatus esse qui huic se opinioni credidit. Non enim beatum est nisi quod intrepidum; inter suspecta male vivitur.

(6) Quisquis se multum fortuitis dedit ingentem sibi materiam perturbationis et inexplicabilem fecit: una haec via est ad tuta vadenti, externa despicere et honesto esse contentum. Nam qui aliquid virtute melius putat aut ullum praeter illam bonum, ad haec quae a fortuna sparguntur sinum expandit et sollicitus missilia eius exspectat.

(4) Es werden uns diejenigen begegnen, die in die Verbannung getrieben und aus ihrem Besitz verdrängt wurden; es werden uns, dass ist die schlimmste Art der Armut, die im Reichtum Mittellosen begegnen; es werden uns Verzweifelte begegnen, ähnlich denen, die Schiffbruch erlitten haben, die entweder der Zorn oder die Missgunst des Volkes – eine verhängnisvolle Waffe gegen die Tüchtigsten – nichtsahnend und sorglos wie ein Sturmwind zerschmettert hat, der gewohnt ist, gerade aus heiterem Himmel aufzutauchen, oder wie ein plötzlicher Blitzschlag, bei dessen Einschlag auch die Umgebung bebt. Denn wie an jenem Ort jeder, der in der Nähe des Blitzes gestanden hat, ähnlich dem Getroffenen betäubt wurde, so überwältigt bei diesen Vorfällen auf eine gewaltsame Weise den einen das Unheil, die übrigen die Furcht, und sie bringt es fertig, eine ähnliche Traurigkeit wie die Betroffenen erleiden zu können.

(5) Fremdartige und plötzliche Gefahren beunruhigen die Herzen aller. So wie Vögel auch das Geräusch einer leeren Schleuder in Schrecken versetzt, so werden wir nicht bloß von dem [Blitz-]Schlag, sondern auch von dem [Donner-]Krachen aufgescheucht. Folglich kann niemand glücklich sein, der sich einem solchen Wahn überlässt. Denn glücklich ist nur, was furchtlos ist; inmitten von Verdacht erregenden Dingen lebt es sich schlecht.

(6) Jeder, der sich häufig den Zufälligkeiten überlassen hat, hat sich eine ungeheure und unentwirrbare Quelle der Unruhe geschaffen: für den, der losschreitet, gibt es allein diesen Weg zur Sicherheit: mit Geringschätzung auf die äußeren Dinge der Welt herabzublicken und mit dem sittlich Guten zufrieden zu sein. Denn wer irgendetwas für besser als die sittliche Vollkommenheit hält, oder irgendeines außer jener für ein Gut, der breitet die Falten seiner Toga weit aus für das, was das Schicksal ausstreut, und ängstlich besorgt hofft er auf dessen Geschenke.

(7) Hanc enim imaginem animo tuo propone, ludos facere fortunam et in hunc mortalium coetum honores, divitias, gratiam excutere, quorum alia inter diripientium manus scissa sunt, alia infida societate divisa, alia magno detrimento eorum in quos devenerant prensa. Ex quibus quaedam aliud agentibus inciderunt, quaedam, quia nimis captabantur, amissa et dum avide rapiuntur expulsa sunt: nulli vero, etiam cui rapina feliciter cessit, gaudium rapti duravit in posterum. Itaque prudentissimus quisque, cum primum induci videt munuscula, a theatro fugit et scit magno parva constare. Nemo manum conserit cum recedente, nemo exeuntem ferit: circa praemium rixa est.

(8) Idem in his evenit quae fortuna desuper iactat: aestuamus miseri, distringimur, multas habere cupimus manus, modo in hanc partem, modo in illam respicimus; nimis tarde nobis mitti videntur quae cupiditates nostras irritant, ad paucos perventura, exspectata omnibus;

(9) ire obviam cadentibus cupimus; gaudemus si quid invasimus invadendique aliquos spes vana delusit; vilem praedam magno aliquo incommodo luimus aut [de] fallimur. Secedamus itaque ab istis ludis et demus raptoribus locum; illi spectent bona ista pendentia et ipsi magis pendeant.

(7) Stell dir nämlich dieses Bild in deinem Geiste vor, dass Fortuna Spiele veranstaltet und bei diesem Zusammentreffen der Sterblichen Ehrenämter, Reichtum und Einfluss herabwirft; von diesen Dingen wurden die einen unter den Händen derer, die sie wegschleppen, zerrissen, die anderen im treulosen Komplott zugeteilt, wieder andere zum großen sittlichen Schaden von denen ergriffen, den sie zugefallen sind. Manches von diesen ist auf diejenigen herabgefallen, die auf etwas anderes hingearbeitet haben, manches ist verloren gegangen, weil man allzu eifrig danach gegriffen hat, und indem sie begierig an sich gerissen wurden, sind sie fortgetrieben worden: tatsächlich hatte die Freude am Geraubten, selbst für diejenigen, für die die Räuberei glücklicher verlaufen ist, keinesfalls Bestand für die Zukunft. Daher flieht gerade der sehr Kluge aus dem Theater, wenn er sieht, dass das erste Mal kleine Geschenke hineingebracht werden, und er weiß auch, dass Kleinigkeiten viel kosten. Niemand beginnt einen Kampf mit einem, der sich zurückzieht, niemand schlägt einen, der weggeht: den Streit gibt es um die Beute.

(8) Dasselbe geschieht bei den Dingen, die das Schicksal von oben herab wirft: erbärmlich brennen wir vor Gier, lassen uns auf die Folter spannen, wünschen uns viele Hände zu besitzen, hoffen bald auf den einen, bald auf den anderen Anteil; allzu säumig scheint uns geschenkt zu werden, was unsere Begierden erregt, obwohl das, was von allen ersehnt wurde, [nur] bei wenigen ankommen wird;

(9) wir wollen dem, was herabfällt, entgegen schreiten; wir empfinden Freude, wenn wir etwas an uns gerissen haben, und wenn die nichtige Hoffnung, etwas an sich zu reißen, etliche zum Besten gehalten hat; die wertlose Beute bezahlen wir mit manch großem Nachteil oder werden über ihn hinweggetäuscht. Wir sollten uns deshalb von solchen Spielen entfernen und den Raffgierigen den Platz überlassen; sollen sie diese Güter, obgleich sie ungewiss sind, bestaunen und selbst noch mehr in Ungewissheit schweben.

(10) Quicumque beatus esse constituet, unum esse bonum putet quod honestum est; nam si ullum aliud existimat, primum male de providentia iudicat, quia multa incommoda iustis viris accidunt, et quia quidquid nobis dedit breve est et exiguum si compares mundi totius aevo.

(11) Ex hac deploratione nascitur ut ingrati divinorum interpretes simus: querimur quod non semper, quod et pauca nobis et incerta et abitura contingant. Inde est quod nec vivere nec mori volumus: vitae nos odium tenet, timor mortis. Natat omne consilium nec implere nos ulla felicitas potest. Causa autem est quod non pervenimus ad illud bonum immensum et insuperabile ubi necesse est resistat voluntas nostra quia ultra summum non est locus.

(12) Quaeris quare virtus nullo egeat? Praesentibus gaudet, non concupiscit absentia; nihil non illi magnum est quod satis. Ab hoc discede iudicio: non pietas constabit, non fides, multa enim utramque praestare cupienti patienda sunt ex iis quae mala vocantur, multa impendenda ex iis quibus indulgemus tamquam bonis.

(13) Perit fortitudo, quae periculum facere debet sui; perit magnanimitas, quae non potest eminere nisi omnia velut minuta contempsit quae pro maximis vulgus optat; perit gratia et relatio gratiae si timemus laborem, si quicquam pretiosius fide novimus, si non optima spectamus.

(10) Wer auch immer beschließen wird, glücklich zu leben, sollte sich vorstellen, dass allein das gut ist, was tugendhaft ist; denn wenn er irgendetwas sonst dafür hält, urteilt er zuerst schlecht über die Vorsehung, weil rechtschaffenen Männern viele Unannehmlichkeiten widerfahren, und weil alles, was sie uns gewährt hat, dürftig und unbedeutend ist, wenn man es mit der Unvergänglichkeit des ganzen Weltalls vergleicht.

(11) Aus diesem Bejammern erwächst, dass wir undankbare Interpreten der Götter sind: wir beklagen, dass uns nicht Immerwährendes, dass uns zum Teil nur Weniges, zum Teil Unsicheres, zum Teil Vergängliches zuteilwird. Daher kommt es, dass wir weder leben noch sterben wollen: ein Hass auf das Leben beseelt uns, die Angst vor dem Tod. Schwankend ist jeder Entschluss und kein Erfolg kann uns befriedigen. Das ist aber der Grund dafür, weshalb wir nicht zu jenem unermesslichen und unüberwindlichen Gut gelangen, wo unser Verlangen notwendigerweise innehält, weil über dem Höchsten hinaus kein Rang existiert.

(12) Du fragst, warum die sittliche Vollkommenheit nach nichts verlangt? Sie erfreut sich an dem Vorhandenen, trachtet nicht nach dem, was abwesend ist; bedeutend ist alles für sie, was genügend ist. Geh von dieser Überzeugung ab: [und] es wird kein Pflichtgefühl existieren, keine Treue; vieles nämlich muss derjenige, der beides zu zeigen wünscht, aufgrund der Dinge erleiden, die Übel genannt werden, vieles muss er aufgrund der Dinge aufwenden, denen wir uns gleichwie den sittlich guten hingeben.

(13) Vergeudet wird die Tapferkeit, die sich an sich selbst erproben muss; vergeudet wird die Großmütigkeit, die nur herausragen kann, wenn sie alles geringschätzt wie beispielsweise die Kleinigkeiten, die sich das einfache Volk am meisten wünscht, vergeudet wird die Dankbarkeit und die Erwiderung der Dankbarkeit, wenn wir die Mühe scheuen, wenn wir irgendetwas wertvoller als die Treue angesehen haben, wenn wir nicht das Beste anstreben.

(14) Sed ut illa praeteream, aut ista bona non sunt quae vocantur aut homo felicior deo est, quoniam quidem quae cara nobis sunt non habet in usu deus; nec enim libido ad illum nec epularum lautitia nec opes nec quicquam ex his hominem inescantibus et vili voluptate ducentibus pertinet. Ergo aut credibile est bona deo deesse aut hoc ipsum argumentum est bona non esse, quod deo desunt.

(15) Adice quod multa quae bona videri volunt animalibus quam homini pleniora contingunt. Illa cibo avidius utuntur, venere non aeque fatigantur; virium illis maior est et aequabilior firmitas: sequitur ut multo feliciora sint homine. Nam sine nequitia, sine fraudibus degunt; fruuntur voluptatibus, quas et magis capiunt et ex facili, sine ullo pudoris aut paenitentiae metu.

(16) Considera tu itaque an id bonum vocandum sit quo deus ab homine, <homo ab animalibus> vincitur. Summum bonum in animo contineamus: obsolescit si ab optima nostri parte ad pessimam transit et transfertur ad sensus, qui agiliores sunt animalibus mutis. Non est summa felicitatis nostrae in carne ponenda: bona illa sunt vera quae ratio dat, solida ac sempiterna, quae cadere non possunt, ne decrescere quidem ac minui.

(14) Aber, um das genannte zu übergehen, entweder sind diejenigen, die
wir so heißen, keine Güter, oder der Mensch ist glücklicher als ein Gott,
da ein Gott ja gewiss keinen Bedarf hat an dem, was uns lieb und wert ist;
denn weder die Wollust ist für ihn von Interesse noch ein üppiger Tisch
mit Speisen, weder Reichtum noch irgendetwas von den Dingen, die einen
Menschen verführerisch anlocken und mit billigem Vergnügen verführen.
Folglich ist es entweder glaubhaft, dass einem Gott diese Güter fehlen,
oder es liegt gerade darin der Beweis, dass es keine Güter sind, weil sie
einem Gott fehlen.

(15) Nimm hinzu, dass vieles, das als Gut angesehen werden will, reichli-
cher den Tieren als einem Menschen zuteilwird. Gieriger erfreuen sie sich
an der Nahrung, werden nicht im gleichen Maße vom Liebesspiel er-
schöpft; sie besitzen eine größere Stärke und eine gleichmäßigere Ausdau-
er; daraus folgt, dass sie viel glücklicher sind als ein Mensch. Denn sie
leben ohne Dekadenz, ohne Selbstbetrug; sie erfreuen sich an den sinnli-
chen Freuden, die sie sowohl eher als auch bereitwilliger ergreifen, ohne
jede Angst vor Scham oder Reue.

(16) Erwäge du deshalb, ob das ein Gut genannt werden soll, bei dem ein
Gott vom Menschen, ein Mensch von den Tieren übertroffen wird. Das
höchste Gut sollten wir im Geiste eingeschlossen halten: es vergeht, wenn
es von unserem besten zu unserem schlechtesten Teil übergeht und auf die
Sinne übertragen wird, die bei den sprachlosen Tieren lebendiger sind.
Unsere höchste Glückseligkeit darf nicht auf der fleischlichen Lust beruhen: die wahren Güter sind jene, welche die Vernunft gewährt, dauerhaft
und beständig, die nicht verfallen, nicht einmal abnehmen und vermindert
werden können.

(17) Cetera opinione bona sunt et nomen quidem habent commune cum veris, proprietas [quidem] in illis boni non est; itaque commoda vocentur et, ut nostra lingua loquar, producta. Ceterum sciamus mancipia nostra esse, non partes, et sint apud nos, sed ita ut meminerimus extra nos esse; etiam si apud nos sint, inter subiecta et humilia numerentur propter quae nemo se attollere debeat. Quid enim stultius quam aliquem eo sibi placere quod ipse non fecit?

(18) Omnia ista nobis accedant, non haereant, ut si abducentur, sine ulla nostri laceratione discedant. Utamur illis, non gloriemur, et utamur parce tamquam depositis apud nos et abituris. Quisquis illa sine ratione possedit non diu tenuit; ipsa enim se felicitas, nisi temperatur, premit. Si fugacissimis bonis credidit, cito deseritur, et, ut [non] deseratur, affligitur. Paucis deponere felicitatem molliter licuit: ceteri cum iis inter quae eminuere labuntur, et illos degravant ipsa quae extulerant.

(17) Die übrigen Güter beruhen auf Einbildung und haben mit den wahren zwar den Namen gemeinsam, aber die charakteristische Eigenart eines Gutes besitzen sie nicht; daher könnte man sie als Annehmlichkeiten bezeichnen und, um in unserem Fachjargon zu sprechen, als vorzuziehende Dinge. Im Übrigen sollten wir verstehen, dass sie unser Eigentum sind, nicht Teile [von uns], und sie bei uns sein mögen, aber auf eine Weise, dass wir recht wohl wissen, dass sie außerhalb von uns existieren; selbst wenn sie bei uns sind, sollte man sie als Untergebenes und Geringes ansehen, wegen der niemand sich erhöhen darf. Was nämlich ist törichter, als dass sich jemand für etwas gefällt, das er nicht selbst geleistet hat?

(18) All diese Dinge mögen zu uns gelangen, sollten aber nicht haften bleiben, damit sie sich, wenn sie weggenommen werden, ohne irgendeine Verstümmelung wieder von uns trennen. Wir sollten jene gebrauchen, uns nicht mit ihnen rühmen, und wir sollten sie sparsam verwenden, als ob sie bei uns hinterlegt wären und bald davongingen. Jeder, der sie ohne Überlegung in Besitz nahm, hat sie nicht lange behalten; gerade das Glück nämlich verbirgt sich, wenn es nicht maßvoll gebraucht wird. Wenn er den äußerst vergänglichen Gütern vertraut hat, wird er schnell enttäuscht werden, und [selbst] wenn er nicht enttäuscht wird, wird er niedergedrückt. Nur Wenigen ist es möglich gewesen, das Glück gelassen abzulegen: die Übrigen straucheln zusammen mit den Dingen, inmitten derer sie herausragten, und sie selbst drücken diejenigen nieder, die sie erhoben hatten.

(19) Ideo adhibebitur prudentia, quae modum illis ac parsimoniam imponat, quoniam quidem licentia opes suas praecipitat atque urget, nec umquam immodica durarunt nisi illa moderatrix ratio compescuit. Hoc multarum tibi urbium ostendet eventus, quarum in ipso flore luxuriosa imperia ceciderunt, et quidquid virtute partum erat intemperantia corruit. Adversus hos casus muniendi sumus. Nullus autem contra fortunam inexpugnabilis murus est: intus instruamur; si illa pars tuta est, pulsari homo potest, capi non potest. Quod sit hoc instrumentum scire desideras?

(20) Nihil indignetur sibi accidere sciatque illa ipsa quibus laedi videtur ad conservationem universi pertinere et ex iis esse quae cursum mundi officiumque consummant; placeat homini quidquid deo placuit; ob hoc ipsum <se> suaque miretur, quod non potest vinci, quod mala ipsa sub se tenet, quod ratione, qua valentius nihil est, casum doloremque et iniuriam subigit.

(21) Ama rationem! Huius te amor contra durissima armabit. Feras catulorum amor in venabula impingit feritasque et inconsultus impetus praestat indomitas; iuvenilia nonnumquam ingenia cupido gloriae in contemptum tam ferri quam ignium misit; species quosdam atque umbra virtutis in mortem voluntariam trudit: quanto his omnibus fortior ratio est, quanto constantior, tanto vehementius per metus ipsos et pericula exibit.

(19) Deswegen wird die Klugheit hinzugezogen, die jenen [Gütern] Mäßigung und Sparsamkeit auferlegen soll, da ja die Zügellosigkeit unstrei-
tig den eigenen Besitz zugrunde richtet und in Bedrängnis bringt, und
Maßloses dauert auch niemals an, wenn die Vernunft sie nicht als Lenke-
rin in Schranken hält. Das wird dir das Schicksal vieler Städte zeigen, deren ausschweifende Macht gerade in ihrer Blütezeit abgenommen hat; und
alles, was durch Tüchtigkeit hervorgebracht worden ist, hat die Maßlosig-
keit ins Verderben gestürzt. Gegen diesen Verfall müssen wir uns wappnen. In keiner Weise jedoch ist ein Schutzwehr gegen das Schicksal
unüberwindlich: wir sollten uns im Inneren rüsten; wenn jener Teil ge-
schützt ist, kann der Mensch erschüttert werden – in Besitz genommen
werden kann er nicht. Welches Rüstzeug das ist, wünschst du zu wissen?

(20) Man sollte sich über nichts ärgern, das einem zustößt, und verstehen,
dass selbst das, wodurch man verletzt zu werden scheint, zur Wahrung der
Gesamtheit dient und zu den Dingen zählt, die Lauf und Obliegenheit der
Menschheit vollenden; dem Menschen sollte alles gefallen, was einem
Gott gefallen hat; gerade deshalb soll er sich und das Seine bewundern,
weil er nicht übertroffen werden kann, weil er sogar das Schlechte unter
seine Herrschaft hält, weil er durch die Vernunft – nichts ist mächtiger als
sie – den Zufall und den Schmerz und auch das Unrecht bezwingt.

(21) Liebe die Vernunft! Die Liebe zu ihr wird dich gegen das Härteste
wappnen. Die Liebe zu ihren Jungen treibt wilde Tiere in die Jagdspieße,
und ihre Wildheit und ihr unbesonnenes Wesen macht sie unbezwingbar;
bisweilen hat die Sucht nach Ruhm jugendliche Temperamente zur Ver-
achtung sowohl des Schwertes als auch des Feuers hingerissen; der An-
schein und das Schattenbild der sittlichen Vollkommenheit treibt manche
in den Tod: je unerschrockener die Vernunft bei all diesem ist, je standhaf-
ter, desto entschiedener wird sie auch über Angst und Gefahren hinweg
emporsteigen.

(22) 'Nihil agitis', inquit, 'quod negatis ullum esse aliud honesto bonum: non faciet vos haec munitio tutos a fortuna et immunes. Dicitis enim inter bona esse liberos pios et bene moratam patriam et parentes bonos. Horum pericula non potestis spectare securi: perturbabit vos obsidio patriae, liberorum mors, parentum servitus.'

(23) Quid adversus hos pro nobis responderi soleat ponam; deinde tunc adiciam quid praeterea respondendum putem. Alia condicio est in iis quae ablata in locum suum aliquid incommodi substituunt: tamquam bona valetudo vitiata in malam transfert; acies oculorum exstincta caecitate nos afficit; non tantum velocitas perit poplitibus incisis, sed debilitas pro illa subit. Hoc non est periculum in iis quae paulo ante rettulimus. Quare? Si amicum bonum amisi, non est mihi pro illo perfidia patienda, nec si bonos liberos extuli, in illorum locum impietas succedit.

(24) Deinde non amicorum illic aut liberorum interitus sed corporum est. Bonum autem uno modo perit, si in malum transit; quod natura non patitur, quia omnis virtus et opus omne virtutis incorruptum manet. Deinde etiam si amici perierunt, etiam si probati respondentesque voto patris liberi, est quod illorum expleat locum. Quid sit quaeris? Quod illos quoque bonos fecerat, virtus.

(22) „Es hilft euch nichts“, wird gesagt, „wenn ihr versichert, dass es kein anderes Gut als das sittlich Vollkommene gibt: dieses Bollwerk wird euch nicht vor Schicksalsschlägen schützen und auch nicht verschonen. Ihr behauptet nämlich, dass sich sowohl pflichtbewusste Kinder als auch ein nach den Sitten der Menschen gehörig eingerichtetes Vaterland und tüchtige Eltern unter den Gütern finden. Ihr seid nicht imstande, deren Gefahren frei von Sorgen zu betrachten: Die Belagerung des Vaterlands, der Tod der Kinder, die Knechtschaft der Eltern wird euch in Unruhe versetzen.“

(23) Was diesen gegenüber gewöhnlich zu unseren Gunsten geantwortet wird, werde ich anführen; anschließend füge ich dann hinzu, was ich überdies zu antworten gedenke. Eine andere Lage herrscht bezüglich der Dinge, die an die Stelle von dem, was von seinem Platze entrissen wurde, etwas Nachteiliges einsetzen: so wie ein gutes körperliches Befinden, sobald es beeinträchtigt wurde, in ein schlechtes übergeht; eine zugrunde gerichtete Sehschärfe der Augen versetzt uns in einen Zustand der Blindheit; nicht nur die Schnelligkeit geht denjenigen verloren, denen die Kniekehlen zerschnitten worden sind, sondern stattdessen folgt unmittelbar die Verkrüppelung. Bei dem, was wir kurz vorher zur Sprache gebracht haben, besteht diese Gefahr nicht. Warum? Wenn ich einen guten Freund verloren habe, muss ich an seiner Stelle keine Treulosigkeit erleiden, und wenn ich gute Kinder zu Grab getragen habe, tritt an ihre Stelle kein Mangel an Liebe und Ehrfurcht.

(24) Ferner ist es in diesem Fall nicht das Ende der Freunde oder der Kinder, sondern das ihrer Körper. Ein Gut aber geht nur auf eine einzige Art und Weise zugrunde: wenn es ins Schlechte übergeht; und dieses lässt die natürliche Ordnung nicht zu, weil alle Tugend und jedes Werk der Tugend unverdorben andauert. Wenn alsdann auch Freunde, wenn auch treffliche und dem Wunsch des Vaters entsprechende Kinder gestorben sind, gibt es etwas, das ihre Stelle ausfüllen kann. Du fragst, was das ist? Das, was jene auch zu guten Männern gemacht hatte, die sittliche Vollkommenheit.

(25) Haec nihil vacare patitur loci, totum animum tenet, desiderium omnium tollit, sola satis est; omnium enim bonorum vis et origo in ipsa est. Quid refert an aqua decurrens intercipiatur atque abeat, si fons ex quo fluxerat salvus est? Non dices vitam iustiorem salvis liberis quam amissis nec ordinatiorem nec prudentiorem nec honestiorem; ergo ne meliorem quidem. Non facit adiectio amicorum sapientiorem, non facit stultiorem detractio; ergo nec beatiorem aut miseriorem. Quamdiu virtus salva fuerit, non senties quidquid abscesserit.

(26) 'Quid ergo? Non est beatior et amicorum et liberorum turba succinctus?' Quidni non sit? Summum enim bonum nec infringitur nec augetur; in suo modo permanet, utcumque fortuna se gessit. Sive illi senectus longa contigit sive citra senectutem finitus est, eadem mensura summi boni est, quamvis aetatis diversa sit.

(27) Utrum maiorem an minorem circulum scribas ad spatium eius pertinet, non ad formam: licet alter diu manserit, alterum statim obduxeris et in eum in quo scriptus est pulverem solveris, in eadem uterque forma fuit. Quod rectum est nec magnitudine aestimatur nec numero nec tempore; non magis produci quam contrahi potest. Honestam vitam ex centum annorum numero in quantum voles corripe et in unum diem coge: aeque honesta est.

(25) Diese lässt nicht zu, dass eine geeignete Stelle unbesetzt bleibt, sie erfüllt die ganze Seele, sie löscht alles Verlangen aus, sie allein ist genug; denn Stärke und Ursprung aller Güter liegt in ihr selbst. Was kommt es darauf an, ob herablaufendes Wasser aufgefangen wird und entschwindet, wenn die Quelle, aus der es sich ergossen hatte, ohne Schaden ist? Du wirst ein Leben mit wohlbehaltenen Kindern nicht gerechter nennen als eines mit verstorbenen [Kindern], nicht geordneter, nicht verständiger, und nicht würdiger; also auch nicht besser. Die Aufnahme von Freunden macht nicht klüger, ihre Wegnahme macht nicht dümmer; also weder glücklicher noch unglücklicher. Solange die sittliche Vollkommenheit nicht beeinträchtigt ist, wirst du alles, was verloren gegangen ist, nicht als schmerzlich empfinden.

(26) „Was nun also? Ist nicht der glücklicher, der sowohl von einer Schar von Freunden als auch [von einer Schar] von Kindern umgeben ist?" Warum sollte er? Das höchste Gut wird nämlich weder geschwächt noch verstärkt; es verbleibt in seinem Maß, wie auch immer sich das Schicksal gezeigt hat. Sei es, dass ihm ein hohes Alter zuteil wird, sei es, dass er vor dem Greisenalter ein Ende gefunden hat: das Maß des höchsten Guts ist dasselbe, wenn auch das der Lebenszeit noch so unterschiedlich sein mag.

(27) Ob du einen größeren oder kleineren Kreis zeichnest, ist maßgebend für seine Größe, nicht für seine Form: mag auch der eine lange erhalten geblieben sein, du den anderen auf der Stelle bedeckt und den Sand, in den er gezeichnet wurde, abgetragen hast, die Form war bei beiden dieselbe. Was richtig ist, wird weder nach Größe noch nach Menge noch nach Dauer beurteilt, es kann ebenso wenig verlängert wie gekürzt werden. Ein sittlich gutes Leben von im Ganzen einhundert Jahren durcheile, inwieweit du willst, und verdichte es zu einem einzigen Tag: sittlich gut ist es in gleicher Weise.

(28) Modo latius virtus funditur, regna urbes provincias temperat, fert leges, colit amicitias, inter propinquos liberosque dispensat officia, modo arto fine circumdatur paupertatis exsilii orbitatis; non tamen minor est si ex altiore fastigio in humile subducitur, in privatum ex regio, ex publico et spatioso iure in angustias domus vel anguli coit.

(29) Aeque magna est, etiam si in se recessit undique exclusa; nihilominus enim magni spiritus est et erecti, exactae prudentiae, indeclinabilis iustitiae. Ergo aeque beata est; beatum enim illud uno loco positum est, in ipsa mente, stabile, grande, tranquillum, quod sine scientia divinorum humanorumque non potest effici.

(30) Sequitur illud quod me responsurum esse dicebam. Non affligitur sapiens liberorum amissione, non amicorum; eodem enim animo fert illorum mortem quo suam exspectat; non magis hanc timet quam illam dolet. Virtus enim convenientia constat: omnia opera eius cum ipsa concordant et congruunt. Haec concordia perit si animus, quem excelsum esse oportet, luctu aut desiderio summittitur. Inhonesta est omnis trepidatio et sollicitudo, in ullo actu pigritia; honestum enim securum et expeditum est, interritum est, in procinctu stat.

(28) Bald breitet sich die sittliche Vollkommenheit weiter aus, richtet Königreiche, Städte, Provinzen gehörig ein, beantragt Gesetze, pflegt die Freundschaften, teilt Dienste unter den Angehörigen und den Kindern ein, bald wird sie von einer festen Grenze der Armut, der Verbannung, der Kinderlosigkeit umgeben; trotzdem ist sie nicht unbeträchtlicher, wenn sie aus einer hohen Stellung in eine unbedeutende überführt wird, in eine private aus einer königlichen, sie aus öffentlichem und lang andauerndem Vorrecht in die Beschränktheit des Hauses oder eines abgelegenen Ortes gerinnt.

(29) Sie ist in gleicher Weise groß, auch wenn sie sich, von allem ausgeschlossen, in sich selbst zurückgezogen hat; nichtsdestoweniger besitzt sie nämlich eine große und erhabene Gesinnung, eine vollkommene Klugheit, eine unbeugsame Gerechtigkeit. Darum ist sie auch in der gleichen Weise glücklich; denn jene Glückseligkeit ist an einem einzigen Ort abgelegt, im Geiste selbst, dauerhaft, groß, gelassen, was ohne ein Verstehen des Göttlichen und des Menschlichen nicht bewirkt werden kann.

(30) Daraus folgt jenes, das ich versprach, eigens erwidern zu wollen. Nicht durch den Verlust der Kinder, nicht durch den der Freunde wird der Weise entmutigt. Er erträgt nämlich deren Tod mit derselben Gesinnung, mit der er den eigenen erwartet; er fürchtet den letzteren nicht mehr, als er den ersteren bedauert. Denn die sittliche Vollkommenheit beruht auf Harmonie: alle ihre Werke stimmen mit ihr selbst überein und stehen mit ihr im Einklang. Diese Einigkeit geht verloren, wenn der Geist, der von erhabener Stellung sein soll, durch Trauer oder Sehnsucht gebeugt wird. Unwürdig ist jede Unruhe und jeder Kummer, die Verdrossenheit bei jedweder Tätigkeit; das sittlich Gute ist nämlich sorglos und frei, ist unerschrocken, es steht in Bereitschaft.

(31) 'Quid ergo? Non aliquid perturbationi simile patietur? Non et color eius mutabitur et vultus agitabitur et artus refrigescent? Et quidquid aliud non ex imperio animi, sed inconsulto quodam naturae impetu geritur?' Fateor; sed manebit illi persuasio eadem, nihil illorum malum esse nec dignum ad quod mens sana deficiat.

(32) Omnia quae facienda erunt audaciter faciet et prompte. Hoc enim stultitiae proprium quis dixerit, ignave et contumaciter facere quae faciat, et alio corpus impellere, alio animum, distrahique inter diversissimos motus. Nam propter illa ipsa quibus extollit se miraturque contempta est, et ne illa quidem quibus gloriatur libenter facit. Si vero aliquod timetur malum, eo proinde, dum exspectat, quasi venisset urguetur, et quidquid ne patiatur timet iam metu patitur.

(33) Quemadmodum in corporibus infirmis languorem signa praecurrunt — quaedam enim segnitia enervis est et sine labore ullo lassitudo et oscitatio et horror membra percurrens — sic infirmus animus multo ante quam opprimatur malis quatitur; praesumit illa et ante tempus cadit. Quid autem dementius quam angi futuris nec se tormento reservare, sed arcessere sibi miserias et admovere? Quas optimum est differre, si discutere non possis.

(31) „Was jetzt? Wird er nicht doch von etwas einer Gemütsstörung ähnlichem betroffen sein? Wird nicht auch seine Gesichtsfarbe wechseln und seine Miene in Bewegung geraten, werden nicht auch seine Gliedmaßen an Kraft verlieren? Und alles andere, was nicht auf den Befehl des Herzens hin, sondern aufgrund irgendeines unbedachten Drangs der Natur hervorgebracht wird?" Ich gestehe es: aber ihm wird dieselbe Überzeugung bleiben, dass nichts davon schlecht ist und auch nicht wert, dass infolge dessen ein gesunder Geist den Mut verlieren sollte.

(32) Alles, was getan werden muss, wird er kühn und entschlossen tun. Denn Folgendes könnte man als typisch für die Torheit bezeichnen: träge und widerspenstig zu tun, was er tun soll, und den Körper hierhin, den Geist dorthin in Bewegung zu setzen, und zwischen völlig entgegengesetzten Empfindungen zerrissen zu werden. Verächtlich ist sie nämlich gerade wegen der Dinge, derer sie sich rühmt und bewundert, und nicht einmal die, mit denen sie prahlt, macht sie gern. Wenn sie nun aber doch irgendein Übel zu fürchten hat, wird sie, während sie es erwartet, auf gleiche Art davon gepeinigt, als wenn es sich ereignet hätte, und alles was sie fürchtet, erleiden zu müssen, erleidet sie schon jetzt aus Furcht.

(33) So wie den geschwächten Körpern Zeichen der Ermattung vorauseilen – sie besteht in einer Art von kraftloser Trägheit und anstrengungsloser Erschöpfung sowie Gähnen und einem Schauer, der die Körperglieder durchläuft – so wird ein schwacher Geist, lange bevor er bedrängt wird, von Übeln geplagt; er nimmt diese vorweg und fällt ihnen vorzeitig zum Opfer. Was jedoch ist törichter, als von Künftigem beunruhigt zu werden und sich dem Verderben nicht aufzusparen, sondern sich das Unglück herbeizurufen und auf sich zu richten? Wenn man es nicht abschütteln kann, ist es am besten, es aufzuschieben.

(34) Vis scire futuro neminem debere torqueri? Quicumque audierit post quinquagesimum annum sibi patienda supplicia, non perturbatur nisi si medium spatium transiluerit et se in illam saeculo post futuram sollicitudinem immiserit: eodem modo fit ut animos libenter aegros et captantes causas doloris vetera atque obliterata contristent. Et quae praeterierunt et quae futura sunt absunt: neutra sentimus. Non est autem nisi ex eo quod sentias dolor. Vale.

—————————— ☙ ——————————

(34) Wünschst du zu verstehen, dass niemand wegen künftiger Dinge beunruhigt werden muss? Jeder, der erfährt, dass er 50 Jahre später eine Bestrafung über sich ergehen lassen muss, wird nur geängstigt, wenn er den
dazwischen liegenden Zeitraum überspringt und sich einer Sorge hingibt,
die [erst] ein Menschenalter später bestehen wird; auf dieselbe Art und
Weise geschieht es, dass Ehemaliges und in Vergessenheit Geratenes gern
die kranken und nach den Gründen des Schmerzes suchenden Seelen mit
Betrübnis erfüllen. Und das, was vergangen ist, und das, was sein wird, ist
nicht gegenwärtig: keines von beiden fühlen wir. Schmerz existiert aber
nur aufgrund von dem, was man fühlt. Lebe wohl.

————